UN NOIR DÉSIR
BERTRAND CANTAT

Andy Vérol

Un noir désir Bertrand Cantat

scali

20080179

80, rue du Faubourg-Saint-Denis
75010 Paris
www.scali.net
ISBN 978-2-35012-231-1

À Virginie, ma ligne de vie… sans qui je…
Et à Nicolas, sans qui je… aussi.

On n'écrit pas parce qu'on a quelque chose à dire
mais parce qu'on a envie de dire quelque chose.

Ébauches de vertige,
E.M. Cioran. 1979.

Avant-propos

J'ai toujours eu l'impression de n'être qu'un sale petit con juste bon à faire le malin, ici, là, dans les mouvements vraiment underground, histoire de dire que j'y suis et qu'eux, entend la majorité, n'y seront jamais.

Je sais que tu es interdit par cette première phrase, mais fais un effort, une seconde, je vais tracer un sillon, celui qui rendra à tous les « écouteux » de Noir Désir, un semblant de dignité. Je suis comme toi, esseulé, un peu naze, bien incapable de porter le moindre avis. Toi et moi avons envie d'y faire un tour chez eux, ces quatre mecs de Bordeaux… Bordeaux, cette ville, j'ai assez peu de choses à en dire.

Mais puisqu'il s'agit de commencer quelque part, je vais introduire cette jolie tambouille sur l'un des plus grands groupes de rock authentique français de ces vingt dernières années… Excessif. Oui, je suis toujours dans un excès et une arrogance ostentatoires concernant mon avis sur la « zic »…

C'est en 1991 que j'ai « vécu » ma première et unique expérience physique avec un groupe de quatre p'tits mecs menés par un « beau gosse », (disent toujours ça les filles), qui de fait, n'avait de cesse, en sensuel qu'il était, de piquer toutes les filles avec qui l'on essayait de sortir, nous les keupons trop stylés, trop puants, trop vulgaires, trop jeunes aussi.

Du haut de mes dix-huit années tapées à la Jenlain, à la Valstar (pour parader alcoolisés comme les vrais punks des années 1970) sans super-star, toussant des clopes avec filtre, j'étais allé au Festival de Rock du Val-d'Oise avec mon meilleur ami Nico.

Nous avions plutôt des têtes d'insolents et des looks que nous imaginions « underground ». Nous étions, en fait, à la fin d'une époque, celle qui avait vu l'avènement d'un mouvement alternatif en France. Près de quinze ans après l'émergence d'un courant punk hyperactif, les groupes, labels, les collectivités investissaient dans des festivals devenus rentables et populaires.

Il nous était impossible donc, en tant que « gros durs » de la cour de récréation du lycée de Cergy, de ne pas assister au plus grand événement du département depuis… toujours.

Le hall Saint-Martin est un espace gigantesque pouvant accueillir plusieurs milliers de personnes à la fois. Je n'ai plus souvenir des organisateurs de l'événement, et je n'ai même plus en tête tous les groupes programmés sur ces deux journées exceptionnelles.

Nico et moi étions allés acheter un pack de bières. Marina, sa copine punk de l'époque, nous avait rejoints. Cette fille, c'était la pure, la dure. Un look destroy, des piercings (ça faisait encore mauvais genre à l'époque), des cheveux courts roux, d'une gentillesse incroyable mais complètement déjantée… Vraiment déjantée. Je me demandais souvent ce que Nico lui trouvait à cette fille… Qu'est-ce qu'on est naïf lorsqu'on est marmot…

Après nous être fait dépouiller de notre pack de bières par une bande de punks « cool » (Ils étaient plus ivres que révoltés) squattant devant l'entrée, nous sommes allés nous fondre dans ce hall impersonnel, d'un gris béton pathétique, une sonorisation infecte et un air vicié par la poussière de béton.

J'étais content d'être là. Nico s'est très vite éclipsé dans la foule avec sa « dulcinée ». La bière n'était pas chère et un Irlandais rouquin, les dents noires en chicots odorants, fumant Gitane après Gitane s'était pris d'amitié pour moi. Je ne comprenais quasiment rien à son anglais postillonné, mais je le trouvais humain, et très convivial. Un vieux de la vieille, un punk des années 1970 d'après ce que je comprenais de son parcours…

Les concerts ne resteront pas mémorables et pourtant, en fan futile de la scène dite alternative, j'étais venu me prendre des rasades de Satellites. Leur morceau « Les Américains » était une sorte de tube du moment, dans le mouvement… Mélodique, sans grande profondeur, et sans intérêt, leur musique devint imbuvable en live…

Finalement avec mon Irlandais à l'haleine revêche et le futal tombant juste sous la limite du slip, je n'avais pas grand-chose à attendre de mieux qu'une ambiance de pub, juste avant la fermeture. J'étais moins déçu que ce que j'aurais pu l'être aujourd'hui, simplement parce que j'avais dix-huit ans, que tout est beau, tout neuf, qu'on a souvent l'impression de vivre un tel événement comme s'il n'y avait jamais eu d'équivalent, auparavant.

Secrètement, en « keupon » en culotte courte, j'étais tout de même impatient de voir les Noirdez. Pas certain que je ressentais les mêmes choses qu'une jeune fille en fleur qui se rue aveuglément à un concert de navets allemands actuels, mais je n'en n'étais pas si loin. Comme tout petit mec blanc chargé aux copies-cassettes de toutes sortes, j'étais le fruit de ce début des années quatre-vingt dix. Les Majors triomphaient du marché, les labels indépendants crevaient ou se faisaient bouffer par ces mêmes Majors. Les styles musicaux proliféraient, au point que chaque groupe et groupement de groupes suffisaient à créer un nouveau nom de mouvement. C'était sans fin, et pourtant le tout début de la période infernale qui allait suivre… C'était le début de l'époque où l'on devait être les premiers d'un mouvement pour devenir « culte » (j'ai toujours haï ces termes insupportables se référents à la noblesse, au clergé, à la religion carrément, pour qualifier un trublion connu du rock, le pape du, le king, le prince de, tel un Jésus décadent, bla-bla-bla). Les Majors étaient devenues des machines à construire des produits formatés, et sournoisement, elles engraissaient des artistes, et interdisaient d'autres musiciens en leur faisant signer des contrats, les contraignant à se taire à cause de clauses d'exclusivité abusives (pour ensuite les virer comme de la nourriture périmée à l'apparition des diaboliques machines à graver des CD, puis l'affamé système du peer to peer).

J'avais, parmi mes centaines de cassettes « pirates » des styles aussi différents que du Rockab, du punk, du hard rock, du ska, du rock steady, de la pop, du rock « variété » tels les Noir Désir. Car ce n'était que ça, à cette époque-là. « Les sombres héros » avaient connu un succès énorme qui classait et embourbait Cantat et sa bande dans la case des gros nazes commerciaux. J'y reviendrai plus tard, mais il ne s'agissait que d'une vue de l'esprit d'un petit con typique.

Secrètement, j'attendais les Noir Désir avec impatience. Les concerts nuls se succédaient et la salle se remplissait au fur et à mesure, jusqu'à être pleine à ras bord. Ça sentait la cigarette, le joint et le mauvais esprit. Mais Noir Désir, c'était aussi le groupe qui ramenait de la « meuf ». Cantat était un vrai beau gosse. C'était LE rocker sexy de la scène rock française. Les filles s'amassaient dans la salle pour mon plus grand bonheur, offertes comme des calissons aux touristes de passage. Je n'étais pas jaloux du chanteur, j'étais plutôt content qu'il puisse permettre de féminiser un concert à la programmation alternative. Ça rendait les fins de soirées plus « tripantes ».

Je n'avais pas « flashé » sur leur premier album qui, pour moi, punk lycéen à la con, tirait une casserole terrible et inacceptable : « Aux sombres héros de l'amer ». Nico m'avait bien fait écouter l'album en entier, mais j'étais plus excité par les Béru (J'ai rencontré le chanteur François, cette année-là, à… une cabine téléphonique, lisant un bouquin sur le Vietnam à la collection PUF, lalalala… Il était devenu leader des Molodoï et leurs fameux morceaux phare « Skalopard » et surtout le très pop et très écrit « Âme errante ». J'étais comme une groupie émoustillée, prêt à lui en rouler un, de patin, et une, de pelle… Me reprenant je lui dis simplement : « Vous êtes François ? Bravo pour le dernier album des Molodoï » (quel naze, j'aurais pu finir choriste en jupe plissée pour lui).

Ce qui me rendait tellement impatient de voir Noir Désir, c'était en fait un morceau de leur album sorti l'année précédente, *Du ciment sous les plaines*. Ce morceau s'appelait : « Tu m'donnes le Mal ». J'avais eu à l'écouter frénétiquement parce que la fille avec qui j'étais sorti cette année-là, m'avait laissé tomber pour un bouffon qui s'appelait Léo (diminutif de Léonard s'il en est), un hardos avec des chemises à carreaux qui sortaient de son jean délavé, des bottes de motards à bouts ronds et un patch AC/DC avec une tête de mort et un casque de Harley dessus, sur son tee-shirt noir.

Lorsque Noir Désir, et surtout le beau Cantat, déboulèrent sur la scène, un grondement grandit dans la salle… La foule faisait son cri de désir, de plaisir, toute émoustillée par le sémillant chanteur-musicien-poète. Je n'ai que ce souvenir de la foule. Ça m'a toujours dérangé, ce comportement collectif, une sorte de réminiscence de grandes messes.

Il n'y a pas à dire, le grand spectacle venait de commencer. Le leader braillait, chantait précis, jouait et se donnait à fond. Rien à dire. Les yeux écarquillés de la foule sur un pur moment de vraie scène rock. Bertrand Cantat, épaulé par le groupe, semblait se donner jusqu'à la mort, sans demi-mesure avec une force gigantesque. Ce grand sportif vivait chaque concert comme une grande finale.

Je voyais bien que cet homme se donnait à fond. Je voyais qu'il en donnait pour le prix qu'on avait payé... J'en oubliais les filles.

Cantat parla de cette relation entre le groupe et son public lors des concerts, dans une interview donnée aux Inrockuptibles, en mars 1991 :

« Mais je pense sincèrement que cette séduction, joue dans les deux sens. Le public nous séduit lui aussi. L'idée de partage, de complicité, est essentielle à nos yeux. Il y a un fond commun entre eux et nous, une idée de base qui nous réunit, des idéaux que nous partageons, ces messages que je saupoudre sur nos chansons. Ne parlons pas de communion, car l'idée est sans doute un peu excessive, mais il existe une complicité évidente. Et avec notre véritable public, cette relation n'est pas un phénomène de surface. »

En rentrant chez moi, essoufflé, bourré, empestant les Gitanes brunes, j'étais sentimentalement bredouille, mais content d'avoir participé à un moment de transe sincère. Nico et moi en avions parlé pas mal de ça par la suite, puis Noir Désir était tombé dans nos oubliettes, rejaillissant ponctuellement lors des sorties toujours très médiatiques de nouveaux albums. Ce groupe, c'était bien, très bien, mais pas aussi bien que tant d'autres artistes. Nous avions toujours gardé une distance nécessaire avec Cantat…

Ce jour-là, j'avais croisé le chemin d'un groupe finalement majeur, englouti dans une foule idiote… J'avais tout de même eu une pensée négative pour Cantat : « Il a un look trop pourrave et il est pas si beau ce mec. » Il fallait que ce soit dit… Une réflexion critique essentielle…

I
1964-1986

J'ai reçu la vie comme une blessure, et j'ai défendu au suicide d'en guérir la cicatrice.
Les Chants de Maldoror –
Isidore Ducasse Lautréamont

Difficile de procéder autrement. Lorsqu'on pense Noir Désir, on pense Bertrand Cantat. Et vice versa. C'est avec un tel constat que l'on peut envisager de comprendre l'histoire d'un groupe qui a calqué sa structure, son fonctionnement sur des formations rock classiques. Le leader du groupe est généralement le centre d'intérêt et la caisse de résonnance de la machine.

Dans le cas particulier de Noir Désir, s'il est indiscutable que Cantat en est le centre névralgique, la colonne centrale, le groupe est pourvu d'une distribution des rôles qui donne à « l'édifice » sa solidité et sa longévité exceptionnelles.

Rares sont les groupes de rock qui ne furent pas désarticulés par des conflits d'ego ingérables, des guerres larvées entre compositeurs, interprètes, des clashs, des dépressions, des combats de coqs en rut, en quête perpétuelle de groupies, d'estime, d'adulation, d'idolâtrie frisant la supercherie artistique. Après les balbutiements hystériques des débuts, où les membres font bloc pour composer, attraper un public et parfois le succès, un groupe de rock, quel qu'il soit, donne l'impression, d'être un monstre à plusieurs têtes où le chanteur entrerait progressivement en conflit avec ceux qui, peu à peu, deviennent des ennemis potentiels. Le monstre s'affole, les chevilles enflent, personne ne sait très bien qui il est… Puis l'alcool, la drogue, le sexe comme seule récompense immédiate… C'est finalement aussi, pour des millions de consommateurs de rock, ce qui rend le genre fascinant, envoûtant.

Les années 1980 sont celles d'une convergence entre les survivants des années 1960-1970 devenus les icônes (rentables enfin) et l'émergence de générations focalisées sur l'envie d'être des vrais de vrais, tels leurs ainés, sans les inconvénients. Noir Désir fait partie de cette fournée obligeant le commun des noctambules azimutés à se méfier, se demander vers quelle culture lissée il s'oriente. Des groupes français tels Métal Urbain, Bijou, Asphalt Jungle, Starshooter ont animé, électrisé et dénoyauté les scènes à une époque où la France n'était qu'une vieille peau yeah-yeah…

Il y a, dès le début de leur carrière, une approche « saine », voire austère de la part des Noir Désir quant à la gestion de la création, des tournées, du staff, de la relation aux maisons de disque et aux médias. Le groupe est constitué de types polis, un peu intellos, fascinés par les mouvements musicaux radicaux sans pour autant décider de s'y intégrer. Ils seront très souvent considérés par le public courant les concerts et par la presse, surtout à leurs débuts, comme des rockeurs édulcorés, mimant leurs prédécesseurs, allégeant les puristes, vidant le rock populaire de sa substance.

Cette vision des quatre membres permanents du groupe est bien sûr une déformation insultante de leur réalité. Ils étaient loin de suivre le cursus scolaire/universitaire, dont ils contestaient les méthodes d'enseignement (Bertrand Cantat n'était pas étranger à ce positionnement). Ils étaient aux antipodes des imitateurs « keupons » actuels, rejouant sans fin le scénario du petit mec qui n'a peur de rien. Les futurs « Noir Dez » sortent dans les bars, les salles de concert, spectateurs, acteurs, répétant, jouant ensemble, passionnément, et cumulant les petits boulots pour payer ce qu'il y avait à payer…

Petit retour en arrière. Bertrand Cantat est né le cinq mars 1964, à Pau. Son père était militaire de carrière. Adjudant dans l'armée française, il était rentré, depuis peu d'Algérie après avoir participé à la guerre d'Indochine. Honoré et décoré, il raccrocha l'uniforme pour se consacrer à l'éducation de ses enfants. De cet homme, Bertrand dira qu'il avait le sens « des guerres perdues, des fins de règne ». Sa mère, qui a déjà donné le jour, en 1963, à son frère Xavier, était institutrice.

Il est difficile de faire un portrait précis et exhaustif du chanteur, tant l'homme est pudique, discret sur tout ce qui touche à sa vie privée. Bien que né à Pau, Bertrand passe son enfance dans un refuge normand au Havre, une ville ouvrière qui produira un public rock parfois musclé.

C'est sans doute aussi parce qu'il baignait dans un tel contexte que Bertrand Cantat, vers l'âge de 11 ans, écoute le groupe américain MC5 (Motor City 5), une formation nerveuse, novatrice, impulsive et rentre-dedans menée par un extra-terrestre déhanché et inépuisable, Rob Tyner (de son vraiment nom Derminger).

Avec un succès tel que *Kick Out The Jams* où Tyner lâchait un « motherfucker » rageur (qui valut la censure du morceau sur les ondes américaines) et surtout des prestations scéniques ahurissantes figeant presque les publics présents à leurs concerts, les MC5 devinrent un groupe hors norme qui ne connut une réelle estime que des années plus tard. Ils étaient, pour les spectateurs d'alors, fortement imprégnés par l'esprit « Peace and Love », des types trop soniques, scéniquement trop « violents ».

Cantat était donc immergé, dès 1975 dans ce bouillon de nerfs à vif sonores… Un groupe démesurément énergique et décadent pour un gamin havrais.

Cette curiosité rare pour une scène encore underground et émergente, prémices du punk et du hard rock, dessinera les influences scéniques et musicales de Cantat.

Chez lui, les parents ne passent que très peu de disques. Pour l'essentiel, ils écoutent de la musique classique, Georges Brassens et Jacques Brel, entre autres.

À l'âge de 13 ans, Bertrand commence à écrire des textes. C'est aussi à cet âge qu'il découvre les Doors, une influence majeure. Les Californiens, et surtout Jim Morrison, seront des modèles sur lesquels il se calquera souvent à outrance, au début de sa carrière. Il va être, un temps (hélas ?), un jeune type adepte des transes de Morrison sur scène (encore qu'il n'eût pas l'occasion de le voir), ses pures excès poético-mystiques et ses grosses ficelles pour enivrer sexuellement des centaines de milliers de groupies en fleur…

Les Doors mariaient l'audace musicale, l'écriture, la nonchalance et la transe en live. Jim Morrison était un griot showbiz avec tout ce que ça comportait de talent et d'esbroufe. Il est sans doute plus judicieux de « lire » Cantat au travers de ses influences. Ce qu'il commencera à produire plus tard, est étrangement la synthèse parfaite de son goût pour l'écriture, les groupes de rock nerveux, ne concédant rien, et fortement intéressés par l'effet libidinal qu'ils produisaient sur leurs publics féminins et masculins.

C'est en 1980 que ses parents déménagent à Bordeaux. Son père, qui a raccroché l'uniforme, se lance dans une carrière de grossiste dans l'agroalimentaire. Bertrand passe d'une ville ouvrière âpre et populaire à une ville bourgeoise à la vie culturelle presque plate. Il va manifestement en tirer des conclusions, subir un espace qui deviendra, dans un premier temps, l'espace de chasse pour la création.

Très vite, son frère, Xavier, se passionne pour l'escrime et quitte la maison pour suivre un cursus sports-études.

Bertrand dira, de ces premiers temps à Bordeaux :

« Et là, je me suis retrouvé tout seul. Dans une belle ville, mais une ville de cons… Personne ne s'intéressait à moi. J'étais effroyablement timide et quand je me lâchais, je devenais une grande gueule, surtout que j'avais déjà des idées fermes ».

Il est alors comme une âme errante, dépaysé, déraciné. Il se dit « effrayé par les sédentaires, par leur manque d'ouverture d'esprit, par le fait qu'ils refusent de voir que leur monde, n'est pas le monde. »

Son mal-être est d'autant plus grandissant qu'il est scolarisé à Saint-Lucien-Genès, une école catholique. Dans ce cadre baigné dans une culture de vieille droite réactionnaire, il fulmine, déteste, se prend à haïr une certaine partie du monde qui l'entoure. Comme tout au long de sa vie, ses opinions, son observation de la société seront intimement liées à son vécu. Il a une perception égocentrée et une critique instinctive.

« Je croisais des jeunesses fascinantes, genre Action Française et Parti des Forces Nouvelles. Beaucoup de gosses venaient de familles où leur avenir était déjà tracé. On n'avait pas les mêmes préoccupations. »

À 16 ans, il commence à s'attacher aux littératures de l'exil, les écrivains creusant les bas-fonds, les poètes de l'ivresse. Maïakovski, Mallarmé, Baudelaire, Lautréamont (...) qu'il lit avec ferveur, deviendront des inspirateurs, des catalyseurs pour une écriture très personnelle.

En définitive, il est un adolescent, de classe moyenne, tout ce qu'il y a de plus classique. Il se nourrit des écrits que l'époque met en avant, vouant parfois un culte sans critique, pour des auteurs, en liquidant d'autres. Quoi de plus naturel, en 1980, que de croiser un jeune homme éberlué par Baudelaire et sa langue du déséquilibre, par Lautréamont, un ravageur d'intime, un penseur quasi nihiliste, l'ombre d'une ombre, un ponte de la fin de soi...

La rencontre avec Serge Teyssot-Gay, dit Sergio, a lieu en 1980. Ils sont en classe de seconde ensemble. Une telle façon de se rencontrer déforme un peu les mythes rock'n'roll. Sergio avait une sérieuse formation de guitare classique. Il prenait des cours depuis dix ans. Au regard de ses expériences musicales futures, il est évident qu'il est d'une curiosité artistique indéniable. Très discret, il sera un complice et un ami dont Cantat ne pourra se défaire.

Quelques mois plus tard, c'est la rencontre avec Denis Barthe (batterie) et Frédéric Leriche (basse) qui concrétisera et provoquera la formation de leur premier groupe : Psychoz.

Les influences des quatre comparses forment l'assise pour leurs projets futurs. L'époque, en France, était à la dispersion, la prolifération aussi des supports d'information. Le rock, au début des années 1980, était encore emprunt de radicalité, d'un esprit réel marqué par la contre-culture. Cependant, le mouvement punk, très localisé autour de disquaires et de salles que l'on dira cultes plus tard, tel le Gibus, était « concurrencé » par le hard rock, beaucoup plus technique, dégagé de message politique contestataire profond et s'inscrivant plus volontiers dans le prolongement du rock seventies. Des voies nouvelles ouvraient l'horizon. La place du vinyle dans la « culture jeune » était devenue centrale et les maisons de disque n'usaient pas encore systématiquement du marketing pour diffuser et vendre de l'artiste… Cette nouvelle ère de l'hyper-commercial pensée par les Majors et leurs cohortes « d'ancien de la scène-ci, de ponte de la scène ça, du maître du disco, du roi de la funk, de la reine de la pop, du cultissime leader de l'untel groupe, de l'ancien manager des machin-choses, etc. » n'était pas encore née.

La presse musicale était essentiellement constituée de *Best* et de *Rock'n'Folk*, et d'armadas de fanzines tous plus underground les uns que les autres. On lisait les deux gros magazines puis l'on complétait avec le micro-organe de presse conçu par une bande de passionnés de musique. Ce phénomène était d'autant plus grandissant que les apports techniques et l'éclatement des genres musicaux étaient importants. Le marché se diversifiait par le fait même des fans de rock et de ses dérivés. Avant l'arrivée de la gauche au pouvoir, les artistes ont soit la chance d'avoir pu signer avec une maison de disque, soit celle de vivre l'ivresse de la galère, les plans minables, les concerts à la sauvette, le bouche-à-oreille, les rencontres chez les disquaires. On s'échange des informations de personne à personne. Untel a entendu parler du concert d'un groupe, « c'était du tonnerre, dit-on, et ça s'est terminé en bagarre ». Les mythes d'un rock progressif plutôt peace se mélangeaient à ceux du rock énergique et politiquement plus radical.

Alors que la télévision restait un monopole d'État, n'offrant à la jeunesse que les mièvreries sans fond montées par les Carpentier, les émissions en direct de Danièle Gilbert, l'insolence contrôlée du Petit Rapporteur (pour résumer rapidement), les rares images possibles des artistes rock parlant à la jeunesse révoltée étaient des incursions imprévues dans des émissions en direct. Le pouvoir politique appliquait encore un filtre pour préserver les Français moyens de ces mouvements « de dégénérés » (Ce type de formulations était courant avant l'avènement du Politiquement correct actuel).

Il y avait aussi la radio. Une radio qui, bien qu'étant plus largement pourvue en antenne, ne répondait pas non plus aux aspirations de ces jeunes. À partir de 1977, le phénomène des radios pirates s'amplifient. Cela est lié à l'apport technique amené par les nouveaux émetteurs. Malgré les brouillages des ondes par l'État, les radios pullulent. Nombreuses furent celles qui étaient des moyens d'expression de grognes sociales et politiques, des vecteurs de la contestation et des positions radicales de nombre de citoyens, des purs supports d'expression libre (féministes, écologistes, homosexuels, etc.).

D'autres furent plutôt créées pour diffuser de la musique, mettre des disques que l'on ne pouvait entendre ailleurs. Difficile de connaître l'impact de ces radios pirates sur la culture underground, et particulièrement les nouvelles tendances du rock. Cependant, ces actions clandestines avaient le goût de la résistance au système. Dans la tête d'un jeune passionné de musique et d'un rebelle comme Bertrand Cantat, cela pouvait avoir une résonance particulière. Lorsque la gauche arrive au pouvoir, en 1981, les leaders des radios pirates et leurs auditeurs étaient plein d'espoir, un espoir rapidement déçu par une loi permettant l'utilisation de la bande FM mais sous la tutelle du Premier ministre, dans un premier temps, puis de la commission Holleaux et enfin de la Haute autorité de l'audiovisuelle.

Les quatre Bordelais baignent dans cet univers et échangent leur passion commune pour un certain nombre de groupes phares de l'époque. Cantat semble avoir un goût de plus en plus prononcé pour le leader des Doors. Leur attrait pour le « gros » rock va de Jethro Tull, en passant par Deep Purple, Fleetwood Mac, The Clash, les Sex Pistols, Queen, mais aussi The Cure tous frais débarqués et les Joy Division.

Dans tous les cas, ces groupes fonctionnaient selon un procédé systématique : un leader charismatique, sensuel, jouant la transe, appuyé par des musiciens tout à son service, déployant une musique générée pour l'habiller de prestige. Même si l'on parle de groupe, on est frappé par la solitude fascinante du chanteur. La réussite réside dans cette alchimie et dans la personnalité inégalable du leader. Ian Anderson (Jethro Tull) et sa voix nasillarde d'une immense précision, Ian Gillian (second chanteur de Deep Purple) et son chant précis, posé, Joe Strummer (The Clash) et sa voix presque postillonnée et à la limite du déraillement sonore, Johnny Rotten (Sex Pistols) et sa nonchalance, son phrasé plein de dédain, Freddie Mercury (Queen) bombant le torse comme on ferait un bras d'honneur, Robert Smith (The Cure) pleurnichant avec sensualité, Ian Curtis (Joy Division) le ténébreux épileptique.

À travers ces influences se dessinent plusieurs courants, des tendances lourdes qui détermineront les styles des années 1980, elles seront à l'origine de la formation de centaines de groupes à travers la France, et particulièrement de Psychoz.

À l'instar d'un Jim Morrison, poète à midinettes et obsédé par la séduction, Bertrand Cantat continue à écrire, fortement influencé par les auteurs qu'il citera ou suggérera souvent dans les paroles de ses chansons. Il dira, sur ce point :

« L'écriture est pour moi un terrain vierge, j'ai tout à y découvrir… Il y avait un besoin viscéral de m'exprimer et l'incroyable prétention de penser que l'on peut apporter quelque chose avec sa propre langue, faire quelque chose qui n'a pas existé. »

Avec trois titres, les Psychoz firent leur premier concert à la fac de lettres de Bordeaux… Un cadre somme toute très gentil pour un groupe de rebelles… Ils se produisent ainsi, durant des mois, enchaînant concerts et répétitions, affinant leur technique de travail et s'assurant une expérience scénique qui lissera les imperfections. Car tout de suite, Bertrand « joue » Morrison avec des textes inspirés des poètes français. Il y a peu de traces de cette époque, assez peu d'informations. Ils restent cantonnés à la région bordelaise, faisant tout de même sérieusement parler d'eux.

Afin de gagner de l'argent, ils accumulent les petits boulots, particulièrement dans le milieu du spectacle, mais ils travailleront dans des domaines aussi très différents : gardien d'immeuble, couvreur, etc.

Psychoz est une expérience musicale assez peu convaincante.

En 1982, Sergio quitte le groupe, avec Vincent Leriche, le premier bassiste et fonde B.A.M. (Boîte à Musique). Tous deux se lancent dans une aventure expérimentale, utilisant des synthétiseurs et boîtes à rythme comme de très nombreux rockers rebelles de cette époque. Cette expérience ressemble à celle de P.I.L. (Public Image Limited dirigé par Johnny Rotten), Grauzone (Binôme constitué d'un certain Stephan Eicher et de son jeune frère), Kraftwerk, Front 242 (Initiateurs, dès 1982, de l'Electro Body Music) mais la comparaison s'arrête là. Il est impossible de savoir si ces artistes ont pu, d'une manière ou d'une autre, parvenir aux oreilles de Sergio.

Bidouiller du clavier, structurer les morceaux avec des boîtes à rythme rudimentaires était dans l'air du temps.

On était baignés dans une atmosphère étrange, très sombre, pessimiste au possible. Une partie de la jeunesse préférait entrer dans des wagons de sonorités et de mélodies mal éclairés, tirés par la new wave, la cold wave initiée par les fabuleux Joy Division, le rock dépressif, la musique pré-électronique aux vertus nihilistes.

L'époque était aux lendemains qui chantaient faux. Bertrand Cantat a dit de ce début des années 1980 :

« L'avenir, c'était franchement épais. Alors on donnait tout immédiatement, sans réfléchir, tout en sachant que c'était l'essentiel. Je savais que je pouvais donner quelque chose qui valait le coup. C'était un besoin. Pour moi, ça poussait seul. Pour que ce soit ça ou rien, nous ne nous sommes aménagés aucune porte de secours. Pas loin de nous, on voyait des groupes qui travaillaient pour réussir, cherchant à faire des tubes… Le fond n'avait aucune importance pour eux. Alors que chez nous, il y avait de vraies raisons personnelles. »

Dans un contexte particulier où les milieux artistiques n'étaient pas encore subventionnés massivement par l'État, ou financés par des structures privées gigantesques, les groupes vivaient au jour le jour, dans un amas de genres.

La scène bordelaise du début des années 1980 était très active, avec une myriade de groupes : Parfum de Femme, Les Exemples, Gamine, Les Standards,… Un certain nombre de tendances se dessinait dont Bertrand Cantat et ses amis essayaient de se démarquer au fur et à mesure. Ils étaient très attirés par le rock radical, la base qui formerait plus tard, la scène alternative, sorte de nébuleuse disparate caractérisée par une pratique authentique du rock.

La « vague » new wave répondait aux aspirations d'une jeunesse en mal de nouveauté. Ce qui deviendrait, finalement, la variété « tubesque » de cette époque générait des façons d'être nouvelles : maquillages, « destroy » stylé, cheveux en l'air (avec l'apparition du gel), nonchalance surjouée. En fait, toutes pépites-ovni mises à part, la saison était au formatage, à la subtile alchimie entre attitude « branchée », voire « cool » (des termes qui commencèrent à se généraliser à ce moment précis), et dégaine vaguement déjantée, sorte de synthèse imparfaite des silhouettes travaillées d'un Bowie, des faces peintes de Kiss et des postures réactualisées des « cuirs noirs ». Quelques crêtes s'ajoutaient ici et là, et des attitudes de fin de siècle moins bien assumées que celles des jeunesses seventies.

Ils jouaient régulièrement dans les bars, des lieux où la jeunesse bordelaise venait se repaître des derniers sons en vogue. Assez vite, alors que les groupes locaux, malgré des talents indéniables, ne proposent que des concerts attendus avec un chanteur généralement figé derrière son micro, les Psychoz qui deviendront les 6.35 étaient pourvus d'un chanteur exceptionnel, un mec rare qui sautait, s'agenouillait, hurlait, courait dans tous les sens, offrant un concert à chaque fois nouveau, et unique. Bertrand Cantat avait une voix capable de passer des graves aux aigus avec une sensualité et une maîtrise déconcertantes. C'est avec ce nom qu'ils participèrent à la Fête de l'Humanité de 1982, premier concert d'envergure pour un groupe qui n'en avait pas encore…

C'est avec ce deuxième nom encore qu'ils remportèrent un tremplin rock FR3 (ex-France 3) en octobre 1982, permettant d'attirer l'attention d'une presse encore sceptique. Le groupe qui répétait dans le garage chez Denis Barthe, insonorisé avec des boîtes d'œufs, disposait désormais d'un accès à un véritable studio insonorisé, doté des équipements techniques nécessaires à tout enregistrement professionnel.

Il n'était pas encore très crédible de dire du bien de ces jeunes gens capables d'attirer du public, et jouant, encore, une musique plutôt « gentille », en contraste avec ceux qui se laissaient aller aux punks et aux aventures électro-rock du moment. Comme indiqué, la presse musicale était surtout constituée de fanzines de plus ou moins bonne facture, essayant de rivaliser avec les magazines nationaux qu'étaient *Best* et *Rock'n'Folk*. Se démarquer de ces derniers revenait à choisir d'encenser ceux qui déféquaient sur « le système » et consacraient toute leur énergie à le vomir.

Le groupe devient Station Désir puis Noirs Désirs. Il est vain de donner un sens exact à ces choix de noms tellement ils contiennent une charge poétique et quelques protubérances hormonales. Mais leur position « douce », malgré des concerts dans les soirées les plus nerveuses, n'était pas du goût des puristes, moins encore de celui des journalistes, chroniqueurs et intervieweurs de tous poils.

Avec le départ de Serge Tessot-Gay et de Vincent Leriche, la formation accueillit un nouveau bassiste, Frédéric Vidalenc, membre d'un groupe bordelais : Dernier Métro. Quant à Luc Robene, il devint le guitariste.

Puis en 1983, c'était Bertrand Cantat qui quittait le groupe pour quelques mois. Emmanuel Ory-Weil le remplaça sans vraiment être concluant. Lorsque Bertrand réintégra, Ory-Weil aida Didier Estèbe en tant que chargé des relations publiques, avant de devenir le manager officiel.

L'ultime mouvement est lié au départ de Luc Robene, guitariste depuis 2 ans, qui quitta Noirs Désirs et permit le retour de l'ami de Bertrand Cantat, Serge Tessot-Gay, en 1985. Cette année-là, le groupe joue devant des salles de 500-600 spectateurs. La réputation grandissante de ce « Jim Morrison français », sexy, ténébreux, en rajoutant, transporté par des transes de jeune rocker en quête de reconnaissance et de groupies grouillantes de désir, s'installe... Ils se maquillent, ils jouent la décadence, ils enflamment sans complexe... Et se jouent des railleries de quelques journalistes en devenir, les torpillant systématiquement pour l'attachement qu'ils revendiquaient pour le clavier des Doors, Ray Manzarek. Ces mêmes futurs scribouillards d'une presse musicale asphyxiée furent surpris, impressionnés par la référence (lourdement systématique) au groupe Gun Club du leader blondinet et grassouillet Jeffrey Lee Pierce. Il était évident qu'un morceau tel que *Fire of Love*, était sans nul doute un monument nerveux du rock historique... Mais ces

« Abba du punk » dont se nourrissait Bertrand Cantat et ses comparses, n'étaient que la coquille vide d'un véritable mouvement. Gun Club n'était que la version « orgasme simulé » d'un rock speed américain bien « mieux monté », celui de Minor Threat, les Straight Edge à la limite du fanatisme, ou celui des plus radicaux et anciens Black Flag.

Les Noirs Désirs n'avaient aucunement besoin de caution pour être un groupe atypique français. Indiscutablement, dans le rang des « mollassons » du rock de ce milieu bruyant et sans résonnance médiatique des années 1980, les quatre bordelais sortaient définitivement du lot et disputaient fermement une place de premier rang grâce à une recherche, encore embryonnaire, d'un point de vue musical, scénique, stylistique. Cantat avait fini par éclater la coquille de timidité qui le sclérosait, et les créations des membres prenaient une forme, que l'on adhéra ou non, plutôt unique… Ils résumèrent ainsi le mixage entre leurs influences et leur passion pour les textes travaillés :

« Petits, on a écouté Brel, et les grands noms de la chanson à texte. On est restés très attachés à ça. Il y a une force phénoménale là-dedans, et on veut surtout pas la perdre, c'est à nous, les autres ne l'ont pas. Le reste, c'est le rock, on n'a pas écouté que de l'anglo-saxon, mais principalement, c'est vrai, de l'américain. Sans doute parce qu'on y a toujours trouvé plus d'âme que dans le rock anglais, même s'il ne faut pas oublier qu'on est nés de la vague punk. »

Parallèlement, jaillissaient des anarcho-rockeurs minimalistes comme les Bérurier Noir, des tubes crédibles, voire géniaux d'un certain Fred Chichin et d'une Catherine Ringer étaient écoutés sur les bandes FM « libres » et surtout commerciales, Trust était passé par là, et Téléphone. Le groupe rock FM par excellence rivalisait de morceaux bien montés sans messages particuliers avec Étienne Daho, le « tombé pour la France » (À qui la vieillissante et presque défunte émission « Les enfants du Rock », consacra un numéro complet).

En 1986, Noirs Désirs réalise une maquette dans le but de la transmettre à leurs deux grosses influences du moment : Ray Manzarek (clavier des Doors) et Jeffrey Lee Pierce (Gun Club). Celle-ci atterrit en fait entre les mains de Théo Hakola. Ce dernier est à l'époque pigiste chez Globe (il travaillera aussi pour Actuel ou les Inrockuptibles), tout comme le manager des Noirs Désirs, Emmanuel Ory-Weil, par lequel il reçoit la démo.

Théo Hakola n'est autre que le leader du groupe Passion Fodder, un feeling à la New Order, un ton acerbe et une écriture piquante qui condamneront cet artiste à rester dans l'underground... Il était aussi l'ancien chanteur d'Orchestre Rouge, une formation qui connut un succès éphémère, considérée comme la révélation des Transmusicales de Rennes en 1981. Cette rencontre scellait l'entrée des Noirs Désirs dans un réseau de connaissances, d'artistes et de structures.

En 1986, les Noirs Désirs se produisirent au Chat Bleu. Le groupe se prépara d'arrache-pied. Frédéric Vidalenc, ancien bassiste de Noir(s) Désir(s) :

« On avait tellement travaillé qu'on a grossi le trait. On avait essayé de faire quelque chose de plus pro que d'habitude car ce soir-là, on savait que les gens de Barclay seraient dans la salle ».

Le premier soir, Chat Bleu est plein à craquer. Six cent cinquante personnes sont dans la salle. La prestation est plutôt bonne. Par l'intermédiaire de Théo Hakola et Sylvie Peyre, directrice artistique chez Barclay, les Bordelais rencontrent Philippe Constantin et signent un contrat pour un an renouvelable.

Denis Barthe raconte :

« Les gens de la maison de disque nous ont dit : « Maintenant, il va falloir travailler les concerts ». On leur a dit : « Mais non, les concerts, on n'a pas besoin de les travailler, on en fait depuis cinq ans ».

Pour une interview d'Emmanuelle Debaussart, pour *Best* en 1992, Bertrand Cantat dit :

« On était dans la norme de rien, d'ailleurs. Mais avec Théo Hakola, on est passés, et on se demande encore comment ! À l'époque, c'était le nouveau Barclay et eux, ce n'était pas des enfoirés. »

Il omet pourtant de mentionner que ces « non-enfoirés » venait, entre autres, de virer Claude Nougaro, considéré alors comme un has been assez peu commercial. Les positions « idéologiques » seront très longtemps de cet acabit. Incapables d'admettre qu'ils n'avaient pas d'atomes crochus avec ceux qui voulaient rester indépendants, les Noir Désir joueront souvent au yoyo avec leurs opinions. Cantat continue, parlant de Barclay :

« C'était avant tout une question de gens et pas de structure. À partir de là, la Major pour nous n'était pas le même danger qu'elle pouvait l'être pour d'autres. On a commencé à avoir des problèmes sur l'album d'après, et on l'a dit très fort. On n'a pas d'illusions sur les Majors, on pense simplement qu'il doit y avoir une manière intelligente de bosser avec elles, et la première, c'est de ne pas te laisser faire quand tu n'es pas d'accord. »

Sur ce dernier point, il avait raison, mais si la sincérité était présente dans ces propos, il y avait encore une certaine hypocrisie à ne pas admettre que cette « lutte » vaine pour préserver une indépendance n'était liée qu'au contenu rarement radical des propos et des compositions du groupe. Durant les années 1990, et nous le verrons plus loin, le commerce des artistes « à part », « indépendants », « radicaux » allait fleurir grâce à l'adaptation efficace des Majors. Les Noir Désir avaient une réelle autonomie, à force d'engueulades, de négociations et de compromis avec Barclay, parce qu'ils n'ont jamais été les fers de lance d'une vision politique réellement contestataire.

En 1987, les Noirs Désirs devenaient Noir Désir. Barclay craignant que le nom du groupe n'ait une connotation trop new wave, réussit à modifier légèrement le nom.

II
1987-1991

La joie est un escargot rampant.
Le malheur un coursier sauvage.

Vladimir Ilitch Lénine –
Vladimir Vladimirovitch Maïakovski

Pour l'enregistrement de leur premier disque, les Noir Désir partirent à Bruxelles, au studio I.C.P., durant dix-huit jours. Théo Hakola, producteur artistique, assisté par Erwin Autrique, joua de son statut de dandy new wave et d'expert des sonorités du temps, pour mettre en scène ce premier opus. *Où veux-tu qu'je r'garde* était une pure supplique rock tant par les textes chantés-lamentés-gueu-lés de Cantat que par la musique dépouillée où une batte-rie chargée d'écho côtoyait une guitare très timide à la limite de l'inassumé. Les paroles étaient, certes, d'une fraî-cheur frisant le juvénile absolu, mais étaient d'une efficacité redoutable et laissaient préfigurer les créations futures.

Le morceau « Danse sur le feu Maria » avait une construction qui deviendra typique de Noir Désir, segmenté à l'extrême, telles des fictions rock'n'roll courtes. Avec Lola, le procédé est agrémenté de passages en anglais qui, généralement, n'ont jamais eu l'impact et le génie des morceaux en français. Noir Désir est un des rares groupes à faire du vrai rock authentique en usant de la langue d'Artaud. C'est aussi le paradoxe de ces débuts prometteurs mais maladroits. Ce mini-album était évidemment un concentré de ce que le rock-variété pouvait faire de mieux (ou de pire ?), mais avec une approche totalement atypique, n'en déplaise aux anciens qui ne reluquaient la musique que par le petit trou de la lorgnette des seventies, voire des sixties.

La presse musicale était unanime. Noir Désir était gratifié d'articles (encore très courts) qui encensaient ce six titres. Si quelques chroniqueurs-journalistes de l'époque ne voyaient encore en eux qu'un groupe de live serti d'un chanteur-bête de scène ayant servi une galette (disque) de qualité moyenne, nombreux furent ceux qui virent se profiler un phénomène rock nouveau.

Dans *Best*, Laurence Romance s'enflamma :

« Tout y est, avec application reproduit : vibrato de guitares pour la moiteur swamp-rock, rythmique minimaliste et ensuquée pour l'hypnose auditive, chant incantatoire conforme en français (ce dernier point, rempli avec tant de succès qu'il n'est possible de s'en rendre compte qu'en consultant la pochette), titres évocateurs de cette psychanalyse du feu chère au déjà cité J.L.P. – Jeffrey Lee Pierce, leader des Gun Club – (« Pyromane », « Danse sur le feu Maria »), etc. (…) Est-on sûr, simplement, que tout cela nous sorte de la coutumière ornière du rock français, celle de l'habile décalage qui ne s'ouvre malheureusement que trop rarement sur une, euh, « expression personnelle » ?

Florent Garnier, pour *Rock & Folk*, s'enthousiasma : « Clamer qu'ils sont français, faire vibrer la fibre cocorico, gloser sur le progrès de la scène locale tombe vite à plat tant ce mini-lp s'affirme comme un des grands moments rock de 1987, toutes catégories de styles et de nationalités confondues (…) Les Noir Désir sont bien trop naturels et décompléxés pour qu'on puisse les taxer une seconde de faire dans le scolaire et l'appliqué. Bertrand Cantat (chant), Frédéric Vidalenc (basse), Serge Teyssot-Gay (guitare) et Denis Barthe (batterie) ne jouent pas à la manière de, en référence à ou pour faire comme… ».

Ce n'était pourtant qu'un début. Le groupe n'était pas, à proprement parlé, emprunté par les combats de l'époque. En 1987, une vraie scène, dite alternative, se débattait dans le marais de la production indépendante. Une jeunesse furieuse semble vider les dernières décharges électriques d'une rébellion discréditée par les deux décennies de combats rock'n'roll perdus… Les

Berurier Noir, au commencement minimaliste, se transformaient peu à peu en cirque anarchiste, les Parabellum transpiraient un rock puriste, OTH, les Souris Déglinguées, les Wampas ne lâchaient pas la bribe.

Les références du groupe étaient surtout favorables à un avenir commercial prometteur. Même si les Noir Désir se sont défendus d'être « absorbés » par le système, ils en étaient des membres à part entière. Dans de nombreuses interviews, Bertrand Cantat, surtout, restait offensif, expliquant, largement appuyé par les autres membres du groupe, qu'ils n'étaient pas dupes, et qu'ils resteraient toujours conscients du danger à ne pas prendre leurs distances avec les dirigeants des Majors. Ce positionnement les rendait relativement libres de créer, tout en n'étant jamais véritablement des opposants au « système ». Ils gardaient une admiration sans borne pour un rock américain radical, mais en aucun cas solide concernant l'analyse politique. Noir Désir n'était au départ, « qu'un groupe » qui ne ressemblait à aucun autre, tournant sur les mêmes scènes que les alternatifs, mais s'en démarquant artistiquement. Le fond idéologiquement du groupe était accessible à tous, touchant les sympathisants d'une gauche humaniste, pour l'essentiel, quelques groupies en quête de nouveau prophète et d'un contingent incroyable d'admirateurs de leurs expérimentations musicales, et parfois poétiques.

Bertrant Cantat avait, avant de signer chez Barclay, sept années d'expérience de la scène. Si les « collègues » alternatifs pouvaient sans mal le railler sur ses « sources » rock, ils ne pouvaient que s'incliner devant son charisme hypnotisant, son élocution sereine et précise, et la constance de ses positions. Lui se défendra constamment de chercher à plaire ou à attirer au moins sensuellement le public (féminin et masculin). Alors que le premier disque des Noir Désir était dans les bacs, ils étaient, sans vraiment en faire intégralement partie, proches de la scène alternative. Leur goût pour le punk, pour les expériences rock furieuses font d'eux, des exceptions parmi les contractuels des Majors. Il était difficile de percevoir cette ferveur intellectuelle tant l'essentiel des interviews et des articles dans la presse ne tournaient qu'autour des travers superflus des quatre Bordelais... Des travers qui n'existaient généralement que parce qu'ils étaient amplifiés par certains des rédacteurs sceptiques des débuts.

Avec ce mini-lp, Noir Désir s'offre une tournée d'une cinquantaine de dates, avec quelques-unes au Québec, première sortie prometteuse hors du territoire français. Pour conclure, ils sont épaulés par Higelin qui organise un concert final au Splendid, en leur honneur. Il joue en première partie avant de leur laisser la place. C'est l'époque du mimétisme « morrisonien » à outrance par Bertrand Cantat. Ses yeux étaient maquillés, cernés d'un noir new wave, il portait un pantalon en cuir, un collier en bois (limite collier de macaronis), et se déhanchait tel un Jim Morrison versus 80's. Pourtant la singularité du chanteur avait tendance à faire oublier ce mimétisme. Il incarnait ce qu'il chantait, sans faire semblant. Authentique et habité.

« Où veux-tu qu'je regarde » se vendit à cinq milles exemplaires, alors que Barclay n'en prévoyait que mille cinq cents. Tout en assurant leur tournée, les membres du groupe avaient besoin de « manger ». Pour cela, ils continuèrent les petits boulots, et particulièrement, ils devinrent roadies sur les gros concerts de Peter Gabriel.

Barclay voit dans ce groupe, une valeur sûre, tant commercialement qu'artistiquement. Le groupe signa pour trois albums. La machine était lancée.

Théo Hakola qui leur avait permis une rencontre fructueuse avec leur maison de disque, décida de s'occuper de sa propre carrière. À cela s'ajoutait une réelle difficulté à produire de nouveaux morceaux :

« Il s'est passé des mois complets sans que rien ne sorte de nos séances de répétition (...) On avait sans doute peur de passer à l'épreuve du premier véritable album, on se sentait vides. » (Propos recueillis par Rock Mag, mai 2001)

En quête d'un nouveau producteur artistique, leur choix se porte sur Ian Broudie, dernier sur une liste proposée par Barclay.

Ce dernier, né en 1959, avait joué à Liverpool durant la période punk des années 1970 (il était un des membres du groupe Big In Japan, aux côtés d'Holly Johnson – chanteur de Frankie goes to Hollywood – et de Bill Drummond). Mais il se fit un nom dans l'industrie du disque comme producteur. Il avait également été un membre fondateur de Peel durant les années 1980. Broudie travailla avec des groupes comme Echo et The

Bunnymen, The Pale Fountains, Shack, Icicle Works, Ellery Bop et les Lightning Seeds à la fin des années 1980, marquant un premier succès auprès de la chanson « Pure », un morceau de pop standard, sucré au possible, d'un enjouement désuet. L'homme est un hétéroclite fervent qui n'hésitait pas à prendre des risques, à sortir des sentiers battus.

Avec lui, Noir Désir travailla une année durant sur un album déterminant. Bien qu'ils fussent opposés parfois à leurs choix, les musiciens connaitront une complicité réelle avec leur producteur anglais :

« Nous aurions pu avoir peur d'être fondus dans un moule pop qui n'a rien à voir avec ce que nous faisons. Cela faisait longtemps que Ian n'avait rien produit, mais le plus important était qu'il nous avait entendus. Il savait donc à quoi s'attendre. À partir du moment où lui-même était intéressé, nous étions d'accord pour travailler avec lui. Nous nous sommes rencontrés deux fois à Bordeaux et le contact s'est établi très rapidement. Il avait vraiment aimé nos compositions, mais il faut dire que lui aussi entrait dans une phase nouvelle de sa vie. C'était donc quelque chose de nouveau pour lui, tout pouvait alors être fait ou inventé. » (*Les Inrockuptibles*, février/mars 1989).

Pour accoucher d'un album digne de ce nom, ils décidèrent de reprendre la création au point de départ. Les quatre Noir Désir étaient perçus par les personnes avec qui ils travaillaient, comme soudés à l'excès, faisant bloc contre les intrusions et tout ce qui aurait pu perturber leurs choix. Le fait de rester à Bordeaux, refusant une éventuelle migration opportune vers Paris, faisait aussi partie du caractère anti-showbiz de la formation :

« Une façon de garder nos distances par rapport à Paris, aux fluctuations de la mode, qui nous font doucement rigoler, toutes ces discussions interminables et inutiles qui ne mènent à rien sur ce qui est bien, ce qui ne l'est pas… Si nous avions déménagé à Paris, avec tous les problèmes que cela aurait amenés, nous n'aurions certainement pas pu faire ce que nous avons fait. »

Une vision, un positionnement qui confirmait une authenticité déjà reconnue par le public et perçue par la presse. Les relations entre le producteur et le groupe étaient souvent tendues. Forts de leur expérience de scène et très attachés, de façon ténue et têtue, à leur indépendance quant à la création, les joutes et les conflits jalonnent les jours passés en studio. Bertrand souhaitait ne pas dénaturer les textes qu'ils avaient écrits. Son idée centrale était que la musique puisse être brute, en phase, avoir l'intériorité et la noirceur de ses textes.

En comparaison de « Où veux-tu qu'je regarde », ses paroles étaient plus travaillées, moins « faciles », traduisant un fond courroucé par le réel et battu en brèche par la colère, la rage, parfois le désespoir. Ce trait de la personnalité du chanteur faisait partie, à cette époque, du charme, de sa beauté confondante. Même si l'on était très loin des auteurs qui l'inspiraient, sa poésie était celle d'un être parfois pourri par ses démons intérieurs.

Il était difficile de connaître la part psychologique de celle qui consistait à raconter. L'interview de Pascal Bertin, pour les Inrockuptibles, en février/mars 1989, est intéressante en ce sens qu'elle creuse un peu au-delà de la façade sexy du bonhomme. Cantat ne cache pas ses obscurités et s'épanche presque :

« J'aime bien raconter des histoires, ce sont des personnages symboliques. J'aime les gens et j'aime les endroits… donc, je mets des gens dans des endroits. Ils me sont à chaque fois inspirés par plusieurs personnes dont les traits de caractère m'ont fasciné. »

Il y a un glissement vers un intime perturbé dans ces mots. Mais souvent, les journalistes, ainsi que les hordes de fans du groupe ont vu une certaine exagération, une façon sans doute assez peu mature de mettre les tortures intérieures en avant. Cantat ne mentait pas, il disait sa vérité à tous au travers des textes de facture irrégulière, mais globalement efficients, trempés dans un climat psychologique tumultueux. La force du personnage se construisait grâce à ses faiblesses.

En 1989, avec *Veuillez rendre l'âme (à qui elle appartient)* produit donc par Ian Broudie, Noir Désir sort un disque que la critique rock salue unanimement. Avec un titre aussi surprenant et ambigu que risible, il ne pouvait laisser insensibles les scribouillards de tout poil, à la recherche du phénomène du moment. Chacun s'attendait à une redite du six titres, une version longue du précédent opus, avec un chanteur sexy new wave. Il y avait quelque chose d'assez puéril dans la première

« galette », mais qui ne pouvait laisser personne insensible. Le nouvel album était beaucoup plus maîtrisé et mettait à jour un état d'esprit sans doute provoqué par la galère de sa conception. Loin de savoir ce que cela produirait, Noir Désir avait conçu un objet en studio qui ressemblait à sa puissance scénique.

Veuillez rendre l'âme… était une création hors temps. La supercherie qui consiste souvent à le réintroduire dans son époque ne permet pas de saisir l'intemporalité des morceaux. De même qu'il est basique de rappeler sans cesse les références littéraires un peu faciles, voire lourdes que Cantat était obligé de servir aux journalistes qui l'interrogeaient.

Noir Désir laissait transparaître le côté bordélique quant au travail d'élaboration des morceaux. Il y avait une part d'improvisation et de recherche spontanée qui a souvent fait la différence. Des critiques et chroniqueurs ont, a posteriori, mis « Aux sombres héros de l'amer » à part, considérant que le morceau n'était pas en phase avec le reste. C'est une vue de l'esprit. Si par la suite, Noir Désir a systématiquement refusé de le jouer en live, c'était surtout pour dissoudre la part fanatique de leur succès… Bertrand Cantat, alors que le single cartonnait, expliquait ce morceau, pleinement assumé et bien résumé :

« Oui, c'est très important pour nous. C'est presque une banalité de le dire mais les ports dégagent quelque chose de particulier. Avec Ian, nous avons beaucoup parlé de Liverpool, qui est une ville en décomposition mais d'où quelque chose de magnifique se dégage. Un peu comme une fleur en décomposition. Mais malgré l'ambiance, "Les sombres héros de l'amer" est une fausse chanson de marins, c'est une parabole au sujet de l'itinéraire dans la vie, de n'importe quel être humain qui traverse la vie bizarrement, "Les océans du vide…" Jamais nous n'aurions fait de chansons de marins et cela semblait amusant de faire cette parabole. Ceci dit, j'adore les Pogues. »

L'apothéose donc. Avec un morceau très « Hisse et ho, Santiano ! », le célèbre morceau d'Hugues Aufray, repris dans toutes les colonies de vacances de France et de Navarre, « Aux Sombres héros… » était attirant, dansant, entraînant pour toute personne qui l'écoutait, une ballade favorisant « les bras dessus bras dessous » qui animaient les tables des pubs à l'anglaise ou à l'irlandaise qui s'ouvraient un peu partout en France…

De facture très sombre, relativement novateur, le lp de onze titre, inaugure une première période qui attirera un public en quête d'un groupe nouveau… Un jeune public à une époque en plein bouleversement allait avoir « son » groupe, de « sa » génération… La scène alternative, contrairement à la vision actuelle brassait une foule particulière de jeunes gens « post-révoltés » plus ou moins sincères, rarement paumés. Ceux-ci avaient cependant de l'énergie et de la révolte à revendre, en quête de mode de vie décalée, tout du moins dans les MJC de quartier, les salles de concert et les soirées alcoolisées.

Aimer Noir Désir n'était pas assez subversif pour mettre en rogne ses parents. Il fallait du Béru et ses paroles anarchistes (« Aux mains de l'État, la force s'appelle droit, aux mains de l'individu, elle se nomme crime… »), du Ludwig Von 88 avec un rock social rigolard (« Toutes les taches de mon quartier, font du smurf dans l'escalier, ma concierge n'aime pas du tout ça », elle leur crie : « Tirez-vous de là !, ohoohhh HLM »), du Wampas et son chanteur barge (« Allez viens avec nous, au pays du touche-pipi »), du Oberkampf (Avec une reprise punk mémorable de la Poupée de Cire), du Mano Negra (qui lâchera son label Boucherie Productions pour Virgin cette année-là).

Pour ce public, écouter Noir Désir nécessitait de se cacher. Pour des milliers d'autres, et grâce (ou à cause) « Aux sombres héros de l'amer », les quatre jeunes gens allaient devenir les fers de lance de leurs désirs de rock, à la française. Le phénomène, et il est possible de comprendre la raison pour laquelle ils décidèrent de prendre leurs précautions, devint gigantesque, en l'espace de quelques mois. Noir Désir, c'était essentiellement un groupe émergent, grâce à un single, un seul et unique. La lame de fond portait le groupe bien au-dessus de tout ce qu'ils avaient prévu, et surtout bien à côté. Bertrand Cantat et ses amis n'étaient plus que des marins du Sud-Ouest, ou encore des rockeurs qui faisaient honneur aux traditions françaises… Le morceau n'était en rien compris pour ce qu'il était. C'était un morceau d'océan, d'authenticité, de sincérité… Pour la plupart des personnes qui achetèrent le single, Noir Désir, c'était l'écume de leurs jours… Le ton ironique employé ici est évidemment la résultante d'une réalité. Ce groupe allait devoir subir un public qui ne correspondait en rien à ce qu'ils faisaient, à mille lieues de MC5 ou de Gun Club. Ils étaient tels des Bretons charmants, à la pointe du festif bien français. C'était l'effet exact de ce morceau. C'était ainsi qu'ils étaient perçus. C'est pour cette raison qu'ils furent invités sur les émissions les plus populaires, peut-être les plus populistes de la télévision française. Généralement, certains journalistes et somme de fans « premier degré » virent dans leur refus de participer à l'émission de Jean-Pierre Foucault, Sacrée Soirée, une forme de résistance au « système » médiatique.

Il ne s'agissait en fait de rien d'autre qu'une position ferme face à un illogisme… Même si les Noir Désir ne boudaient pas leur plaisir, l'envolée des ventes leur donnait l'occasion d'instaurer un rapport de force, et leur permettait une certaine indépendance (Ils n'allaient plus avoir à travailler à côté pour continuer à faire leur job d'artistes).

Malgré ce boulet médiatique, ils surent en tirer profit (dans le sens noble du terme), et conduire un jeune public à une fidélité exceptionnelle. Pour les personnes « réformistes » ou « pro révolutionnaires », ou « contestataires », les défenseurs de « certaines » valeurs (entendez humanistes), regarder Canal +, détester TF1 la privatisée et son Foucault, se réjouir de la chute du mur de Berlin (ça ne cassait pas de briques) et aimer Noir

Désir, c'était le « must » (terme consacré et branché de l'époque, remplacé ensuite par « hype » puis remplacé encore par un autre mot branché).

Pour d'autres, l'indéniable capacité de ce groupe nouvellement commercial résidait dans la façon qu'avaient Cantat, Barthes, Tessot-Gay et Vidalenc de pondre des morceaux indéniablement capables de pousser à la transe.

Il est inutile de chroniquer les albums de Noir Désir en détail… Très généralement, on est tenté de faire une leçon de style sur le style du groupe. La musique et la popularité de Noir Désir offrent à chacun la possibilité de s'étaler.

Il est souvent mis en avant : « À l'arrière des taxis », « La Chaleur » ou « Les Écorchés », avec assez peu de considération pour le maîtrisé « Apprends à dormir » qui porte, ne serait-ce que dans son titre, « Une pépite poétique », pop à l'excès, précise et réalisée sans fausse note :

Il se passe des heures ici
Sans que rien ne troue l'ennui
Comme le temps qui coule essaie
De nous assassiner

À genoux sous la lune
Ou quand le soleil enclume
Comment se retendent les nerfs
Des révolutionnaires ?

Et comme les illusions croulent
Je pouvais pleurer tout mon soul

Attendons seulement le soir
Personne ne peut nous voir

Apprends à dormir
Glisse lentement
Sans réfléchir
Mais n'me demande pas comment

Oh, ton âme est lasse
Elle a dû trop revoir hélas
Les mêmes choses et les mêmes gens
Et toujours comme avant

Ici quelque part en France
En attendant l'échéance
Certains n'éprouvent ni fierté
Ni honte à être nés

Apprends à dormir
Glisse lentement
Sans réfléchir
Mais n'me demande pas comment.

Un texte précis, simple et écrit. La batterie aérienne de Denis Barthe. La basse de Vidalenc en appui assuré de Barthe. Et une guitare constante fonctionnant tel un crayon surlignant la voix précise de Cantat. Noir Désir était, dès lors, une forme de chute en haut, avec une capacité à réaliser des combinaisons improbables...

Veuillez rendre l'âme (À qui elle appartient) alterne des morceaux intimes et des fictions sonores tendues ou rapides. Cantat est habité par le groupe, obsessionnellement :

« Ce disque est exactement celui que nous voulions faire, il n'y a pas eu d'intervention extérieure. Nous avons beaucoup réfléchi quant à l'orientation à donner au groupe après la sortie de *Veuillez rendre l'âme* à qui elle appartient. Que faire de Noir Désir ? Comment travailler ? Qu'est-ce que j'ai dans le ventre ? Ai-je seulement quelque chose dans le ventre ? Si je n'ai rien, je ne tricherai pas. Voilà un de mes problèmes : la peur du vide, du manque d'appétit. Parfois, je me sens vide, ou plutôt vidé. J'ai peur de ne plus rien avoir en moi, c'est très effrayant. Comme tu peux le voir, le groupe est pour moi une occupation cérébrale quotidienne, quelque chose qui me torture continuellement, une sorte d'obsession. Pourtant, j'essaie d'être vigilant, j'essaie souvent de penser à autre chose. Mais c'est dur, très dur. Je suis toujours occupé à me demander comment préserver notre petit univers, notre sacro-sainte honnêteté au milieu de ce merdier absolu… J'ai peur pour le groupe, tous les jours. »

Les Noir Désir souffriront souvent de l'interprétation qui sera fait de leur travail, sans nul doute parce que ces hommes, bâtis pour fabriquer de la musique ensemble, y injecter de la force et un sens, une ligne, n'ont jamais réussi à surpasser une timidité confondante, une fierté hors de proportion et une complicité presque communautaire, en tout cas frôlant l'âme de la horde, imposant quelquefois une mauvaise foi à toute épreuve.

Cet album sera l'opus rock copieusement diffusé par Barclay de la fin des années quatre-vingt et du début des années quatre-vingt-dix. Les mots sont maladroits de la part de Cantat. Il est la tension qu'il déploie pour composer. C'est un génie de l'intime et un artiste affamé de scène. Parmi les groupes « vendus » par des Majors, il s'agissait du premier groupe français, depuis longtemps, que l'on pouvait qualifier, d'une seule écoute, de rock, purement rock. Denis Barthe (bon il faut le dire, son pseudo était déjà « Nini ») et son cynisme parfois mal placé, son appétit d'ogre, son sens du travail, sa créativité (Être attentif à l'esprit rock'n'roll jubilatoire de ses quasi-compositions sur nombre de morceaux). Frédéric Vidalenc, un bassiste d'une discrétion géniale, l'assise solide pour empêcher l'effondrement rythmique, doser les silences, et infléchir les ruptures. Enfin Sergio, intense, inépuisable, tendu, retenant chaque morceau avec une liberté propre à lui, métronome excité, sorte de « galoche » offerte… Sans erreur… Et Cantat, accompagnant Sergio à la guitare, précis à l'harmonica et splendide au chant, seul maître des mots qui jaillissaient de lui…

Dit de cette manière, ça pourrait être gentiment objectif… Un album qui commença à transpirer le succès partout où le groupe se produisait, en plus de sollicitations médiatiques interminables. Le single « Sombres héros… » propulsa le groupe au Top 50 dès août 1989, le classement pitoyable des meilleures ventes en France, un indicateur cynique à destination d'un public « suiviste »… La honte, presque, pour les Noir Désir, leur rock se voulant authentique était calé entre Soldat Louis et Licence IV. Bertrand Cantat jouera souvent la girouette dans ses réponses aux journalistes.

C'est à cette époque ascensionnelle que le groupe cherchait sa position, sa direction. Ils acceptaient le succès, l'arrivée d'un public nouveau dans les salles de concert, mais vivaient tout ce phénomène comme un insupportable challenge.

À José Guerreiro, en juin 1989, pour *Rock & Folk* :

« C'est un peu lourd. Je vais te dire, on ne sait pas comment le prendre. On y réfléchit. Si on fait un mauvais pas, on tombe tout de suite dans la variété. Comment ne pas avoir peur, puisque ça s'est toujours mal passé avant nous. »

L'ajustement était permanent, tout du moins dans ces premiers temps de succès. L'attention du groupe, d'un point de vue médiatique se focalisait sur ce point. La tension était palpable, l'indigestion médiatique était liée au fait que le groupe avait à souhait de contrôler son destin :

« Nous ne faisons pas partie de ces groupes qui veulent toujours plus. À un moment donné, qui se situe certainement maintenant pour Noir Désir, la quête acharnée du succès serait une idiotie absolue. Accéder à un public toujours plus large ne nous intéresse pas. À vrai dire, on s'en fout complètement. D'ailleurs, un tel succès m'inquièterait. »

Le groupe reçut le Bus d'Acier (aussi appelé Grand Prix du rock français), récompense donnée en France par la presse spécialisée, de 1981 à 1996. Ce prix fut attribué aux Bérurier Noir en 1988. Ceux-ci, totalement intègres, le refusèrent. Les Mano Negra furent primés en 1990. Pour Noir Désir, il s'agissait surtout d'une marque d'estime des journalistes et des représentants des médias audiovisuels, un microcosme. Le Bus d'Acier leur fut remis par Nicola Sirkis d'Indochine, en mai 1989, au Bus Palladium.

Les rapports avec Barclay étaient en voie de se transformer, avec le changement de direction de la maison de disque. Les positions revendiquées par Bertrand Cantat et les autres membres consistaient en une prise de conscience du fonctionnement de l'industrie de la musique. Toujours dans l'interview des Inrockuptibles de 1989 :

« Tu sais, je ne prends aucun plaisir à déambuler chez Barclay, notre maison de disques, en roulant des mécaniques et en donnant des poignées de main à droite à gauche, tel un président de la République. En plus, les gens que nous aimions chez Barclay sont presque tous partis. Y aller ne signifie plus rien pour nous. C'est une boîte de disques, qui fait du commerce. On y bosse pour le fric et rien que pour le fric, dans le plus pur esprit d'une multinationale. D'ailleurs, si nous allions jusqu'au bout de nos idées (silence)… Mais bon, il n'y a hélas pas d'alternative valable en France. C'est bien dommage. En tout cas, je crois que les gens de chez Barclay sont aujourd'hui tout à fait conscients de notre façon de penser. Nous serons fidèles à notre ligne directrice, j'espère qu'ils le savent. »

L'album, poussé par le single diffusé à outrance sur les ondes, se vendait très bien, et atteint, deux ans après sa sortie, cent cinquante mille exemplaires vendus. Un disque d'or et un retour sur investissement pour Barclay, qui souhaitait optimiser commercialement le filon Noir Désir. Les tensions grandissaient entre le groupe et la Major. Cette dernière poussa le bouchon trop loin en introduisant les « Sombres héros de l'amer » dans une compilation de tubes sans prévenir le groupe. Le niveau de stupidité de certains responsables des maisons de disque a permis, à partir du début des années quatre-vingt dix, de vider le rock de sa substance. La banalisation du genre, son entrée dans le quotidien des gens, y compris des pires ringards (Les groupes Téléphone et U2, par exemple, devenant des musiques de baloche, les points culminants d'un bal du 14 juillet réussi ou des soirées d'écoles de Commerce).

L'époque des concerts de « méga stars » intouchables touchait à sa fin. Les plus jeunes étaient en quête de concerts à taille humaine. Les Noir Désir participèrent, sans le souhaiter et sans le savoir, à l'entrée de la « rébellion » dans les processus commerciaux. Des années plus tard, on peut s'apercevoir de l'intégration de l'esprit contestataire dans la production musicale. Les artistes hip-hop, dans les années quatre-vingt dix, suivront cette voie (avec un autre modèle de « résistance à l'intérieur du système » qu'étaient les valeureux et talentueux emmerdeurs NTM, moins récalcitrants cependant pour l'exhibition de leurs trognes). Barclay, en signant avec Noir Désir, avait ouvert la boîte de pandore. La valse des PDG et directeurs artistiques de ces années-là témoigne de l'hésitation des Majors à entrer dans un nouveau business. Ce phénomène allait prendre une ampleur inimaginable grâce à l'essor du rebelle-business balancé à la face du monde par les artistes grunge, les Nirvana en tête, appuyés par des businessmen de la *punkitude*, de la *destroyitude*. L'esprit Sex drug and rock'n'roll entrait dans le temple du capitalisme. Tandis que la scène alternative, luttant sincèrement contre le système, se disloquait sans vague, les Majors virent l'aubaine et ramassèrent les miettes de cette ultime vague de protestation rock à partir du milieu des années quatre-vingt dix. En attendant Noir Désir faisait figure d'exception.

Exit les stades et les hippodromes blindés pour « zyeuter » des microscopiques musiciens, au loin, juste au-dessus des arrondis des crânes chevelus. La droite française, jusqu'alors réactionnaire, vieillotte, accrochée à des valeurs passéistes, se libéralisait et redorait son blason en… récupérant la petite culotte de Madonna. Ridicule. Grotesque. Logique qu'à une telle époque, la « méthode » Noir Désir, le rapport à Barclay et au public, fit mouche et attira une foule de jeunes gens en mal de proximité et d'authenticité.

Pour beaucoup, les concerts étaient l'occasion d'approcher Bertrand Cantat de très près. Son charisme évident subjuguait les minettes qui, précautionneusement, évitaient les concerts sur-électrisés de la scène indépendante. À cela s'ajoutait la qualité musicale rageuse et des textes tranchants remplissant d'émotion des milliers d'adolescents et de jeunes adultes en quête d'identité. Encore considéré comme une sorte de poète maudit, Cantat était perçu comme un auteur profond d'une qualité créative exceptionnelle. C'est dire le désert littéraire dans lequel cette jeunesse baignait à l'époque, se contentant de jeux de mots combinant termes existentiels, formules poétiques caricaturant les grands auteurs, mal-être d'une jeunesse de classe moyenne croupissant devant la télé, avec un frigo bien rempli, dans un individualisme, et des rêves d'autre monde, sans jamais se battre sérieusement pour un changement. Des rebelles réformateurs, des romantiques mous et quelquefois de sincères nerveux venus trouver dans Noir Désir l'authentique rage.

Les textes de Bertrand Cantat pouvaient être interprétés de différentes manières. Ils ne pouvaient pas laisser insensibles. Troublants, ces écrits parfaitement intégrés à de purs morceaux de rock novateurs, laissaient une impression étrange. La violence intérieure de Cantat y transpirait. Ce qui n'échappa à Pascal Bertin pour les Inrocks :

« Tes textes sont toujours particulièrement violents…

Pour moi, c'est avant tout une violence intérieure. Au moment où elle sort, c'est un aboutissement de ce qui se passe à l'intérieur. Tu trouves les textes vraiment violents ?… J'ai besoin de faire sortir de la violence parce que c'est ce que je ressens à chaque seconde. J'en ai une peur maladive et moi-même, je suis très violent, dans mes sentiments en particulier. Mes textes sont une manière d'exorciser les choses, j'espère que c'est aussi une forme de beauté. L'écriture n'est pas très facile pour moi, savoir qu'il va falloir chanter mes textes devant des gens, en studio, que cela va être gravé définitivement, en gros, qu'il va falloir assumer ce qui a été écrit. C'est de la communication à l'extrême, puisque nous sommes, paraît-il, dans l'ère de la communication, mais nous ne prétendons pas inventer quelque chose, ce serait plutôt une forme ancienne de communication qui est en train de se perdre et que nous essayons de retrouver. »

C'est à partir de 1989 que Henri-Jean Debon suivra les Noir Désir avec sa caméra. Le groupe sera filmé durant des années, dans leurs tournées, durant les concerts. Il composera aussi les clips, bandes-annonces pour la formation, dans une facture toute personnelle (qui lui vaudra de travailler avec de nombreux artistes). Son objectif était de tourner un long métrage. En fait, ce seront des heures de bandes qui laisseront un témoignage frappant.

Pas de fioriture. Pas de plans spectaculaires lors des « poursuites » d'Henri-Jean Debon. Caméra à l'épaule, très légèrement en retrait, il laissait les artistes vivre leur vie sans les conduire. Le grain de l'image était souvent sombre, chargé, épais. Les clips, reportages et live seront, à terme, compilés dans Noir Désir, *On est au monde*.

Le visionnage de ce travail minutieux ne permet pas seulement de « reluquer » le groupe dans sa vie privée, comme si l'on pénétrait dans le quotidien de stars. Le choix du réalisateur est de raconter une histoire, sans embellir, peut-être même en démystifiant. Son travail est celui d'un artiste composant avec la vie d'autres artistes. Les plans sont simples, efficaces, quelquefois même « À l'arrache ». Une sorte de quête du vrai, du réel, de l'esprit des hommes qu'il filmait.

Dans « Copie de travail » tourné en URSS lors d'une tournée, les Noir Désir vivent leur long voyage dans un train rafiot de l'empire soviétique en déliquescence. Les discussions s'enchaînent sur la découverte du pays, des Russes y vivant, leur simplicité, mais aussi la difficulté à reconnaitre des points distinctifs. Bertrand Cantat parlait aussi du désir d'avoir des enfants pour Sergio. Il se demandait s'il pouvait en parler alors que le guitariste « digérait » une cuite à la Vodka mémorable. Le vidéaste est attentif aux petits riens. Il repérait l'indicible, les petits tics nerveux de Cantat, la bouche pâteuse de Sergio, le silence de Frédéric ou encore l'attention avenante de « Nini ». L'intention était d'évider le superflu, de laisser jaillir le vrai de ces hommes. Rien de spectaculaire. Des instants. Des moments où l'on s'ennuie, rappelant au spectateur ses propres migraines, ses conversations sur le grand rien. S'affaler sur une couchette. Se gratter le nez. Les ongles sales. Les clopes. Les fringues froissées. Les dents sales. Sentir la sueur (les films de Debon transmettent ça aussi par l'image). Le travail est précis et ultra-créatif.

Le groupe aurait pu faire le choix, comme leurs collègues-artistes-du-showbiz, des plans travaillés, avec une grosse équipe de tournage, des mètres de câbles, des micros planqués, des preneurs de son, des scripts gribouillant des carnets à petits carreaux, un metteur en scène de leur vie dirigiste : « Non Bertrand, mets-toi plutôt dans le contre-jour, ça mettra tes lèvres en valeur. » Pas de ça avec Debon. Il donne l'impression de laisser faire, de s'effacer. Il prenait la matière sans intervenir pour ensuite la retravailler à sa guise. Pour les clips, les bandes-annonces, on sent une liberté de ton et une capacité à se moquer des conventions. Debon est très pointu sur les détails et donne une interprétation sincère de ce qu'il filme. Il tourna avec Noir Désir, mais on ne peut cerner un artiste que dans la diversité de ses créations. En 2005, il créa le clip « Devant ma nuque », pour Fredo Roman, concepteur hors-normes de « Nonstop ». Tourné en noir et blanc, concis, précis, une mise en scène épurée. Le clip est une construction visuelle balançant les boucles, les rythmes, les paroles scandées. Un concentré de chef-d'œuvre.

Le succès de *Veuillez rendre l'âme* (à qui elle appartient) ne détourna pas le groupe de sa vision et de sa conception de la maîtrise de sa carrière. Plutôt que de courir les plateaux de télévision et se compromettre dans un parcours promotionnel programmé par Barclay, ils préférèrent défendre leur disque sur scène, accompagnés par le violoniste François Boirie.

Ils s'embarquèrent pour une longue tournée en France (Élysée-Montmartre à Paris et Olympia à guichets fermés, Eurockéennes de Belfort, Francofolies de La Rochelle, Printemps de Bourges...), URSS (Ils y assurèrent cinq premières parties de Kino, le groupe star de ces dernières années soviétiques. À Leningrad, Noir Désir joua deux soirs d'affilée devant un stade de 56.000 personnes), Canada, et Tchécoslovaquie. Le groupe marchait sur un fil, tentant de gérer le succès, une popularité gênante en grande partie dûe à ce tube qui discrédite leur démarche. Le choix d'une tournée internationale était pour le moins original. Alors que les soirées étudiantes, les chambres à l'odeur de chaussettes et de phéromones de lycéens en fleur faisaient brailler « Aux sombres héros de l'amer », Cantat et sa bande se perdaient dans un empire communiste en pleine déliquescence. On ne touchait plus là au paradoxe, mais carrément à la stratégie anti-business, une façon de faire du business autrement en fait…

En concert, Noir Désir donnait le meilleur, ne cédant ni à la fatigue, ni à la routine. Ils survoltaient les foules grâce à une énergie sans borne. Bertrand Cantat, étouffant parfois le reste du groupe de sa beauté et son charisme, abordait les live comme des séances de chamanisme. Passant d'un calme sombre à une transe furieuse en quelques secondes, il vivait chaque morceau sous toutes ses dimensions. Et malgré les salles archicombles, la pression médiatique, c'était bien sur scène qu'il oubliait, s'oubliait, se livrait complètement au public présent. La tournée leur permit de croiser de nombreux artistes, et particulièrement ceux de la scène alternative, tels les VRP ou les Mano Negra.

Autre particularité : le groupe se présentait au complet durant les interviews, dans le but de ne mettre aucun des membres en avant. Si Cantat était le plus bavard, mais aussi le plus « harcelé » de questions, Tessot-Gay et Barthe ne manquaient pas de mettre leur grain de sel. Car s'ils faisaient bloc, cela n'empêchait pas de fortes frictions, des débats et des visions parfois contradictoires des suites à donner à leur carrière.

Cette tournée éprouvante s'acheva par trois dates à l'Olympia. Noir Désir fut souvent félicité pour ce choix (plutôt qu'un Zénith) parce qu'il les rendait toujours plus authentiques. Un spectateur médusé dira de la dernière date :

« À la fin du troisième concert, le 23 novembre 1989, ils reviennent deux fois. Ils commencent un morceau. Je ne le reconnais pas de suite. C'est en fait : “Ces gens-là” de Brel. On s'attend à ce qu'ils interprètent la chanson. Bertrand Cantat lâche juste : “Mais il est tard monsieur, il faut que je rentre” ».

À propos de ces prestations scéniques, Pascal Bertin, pour cette interview aux Inrocks de 1989, lance fébrilement :

« Vous êtes assez impressionnants sur scène… ».

À mourir de rire. Et Cantat de répondre à ce journaliste tout émoustillé par son talent :

« Nous essayons d'y donner le maximum et il circule des choses très fortes entre nous, des Échanges qui sont encore plus évidents sur scène. Je prends un concert comme une séance de chamanisme, je suis malade de monter sur scène alors qu'en même temps, c'est là où je me sens le mieux. Jamais je ne pourrais y être routinier et ainsi, tout pourra toujours y arriver. Il s'est créé une Émotion que nous ne connaissons nulle part ailleurs et qui peut nous entraîner très loin. De plus, nous y gardons la même marge qu'en studio, une marge de danger qui nous met en déséquilibre permanent et qui nous donne l'impression d'être au bord du vide. J'espère que nous arrivons à y être généreux, nous essayons de donner mais nous y trouvons quand même beaucoup de plaisir et de sensations fortes. Il nous arrive parfois des choses assez étranges sur scène, des coïncidences, des notes qui tombent, des improvisations pour lesquelles nous nous sommes posé des questions par la suite, des événements qui peuvent survenir de temps en temps, sans que cela soit calculé. »

Lorsque la tournée éprouvante se termina à l'Olympia, les Noir Désir, pour l'enregistrement d'un nouvel album, imposèrent leur vue. Profitant du capharnaüm au sein de la direction de Barclay, et se saisissant de l'énorme succès de leur album, ils ne lâchèrent rien de cette vision qui s'affinera avec les années. Considérés, par certaines personnes de la maison de disque, comme des « casse-couilles », le mixe d'esprit jeune, insouciant, rentre-dedans et les qualités de gestionnaires consciencieux de leur œuvre allait aboutir à la formation d'une équipe artistique quasiment autonome, selon les exigences du groupe.

En novembre 1990, après une tournée intensive, ils passèrent donc deux mois à enregistrer leur nouvel album, avec une équipe entièrement choisie par le groupe. Barclay était exclu de la mise en œuvre. Ils choisirent le Studio I.C.P. à Bruxelles. L'album était produit par… Noir Désir, Phil Délire et Olivier Genty. Quelques invités-amis : Jean-Blaute à l'accordéon et évidemment, encore une fois François Boirie, dit « Bubu », au violon. Un certain Alain Duplantier à la photo, mais aussi Antoine Leroux Dhuys qui, avec son travail photographique et graphique incomparable (pour l'époque) sera la raison d'une nouvelle engueulade avec Barclay, le livret paraissant, encore une fois, trop couteux, rognant « outrageusement » sur les marges bénéficiaires de cette (pitoyable) maison de disque censée porter des artistes au pinacle plutôt que des comptes de résultat bénéficiaires. Entre deux dates, durant des instants de solitude volés à l'agitation de la tournée, Bertrand Cantat n'avait pas cessé d'écrire, composer, concevoir ce nouvel album. Malgré la « rechute » médiatique qui allait accompagner cet opus, il était indéniable que l'écriture s'était transformée, un chouia moins immature, mais en aucun cas mature… Les textes de Cantat s'étoffaient et commençaient à sentir le travail, la technique personnelle et la recherche de sens sans citer sans cesse des auteurs trop nourrissants. Comme auparavant.

Un chapitre de rock français, engagé socialement, gentiment politique (l'économie de marché, c'est pas bien, ça fait du mal à des gens, etc. etc.), totalement créatif. Les morceaux en anglais étaient, cette fois, bien plus maîtrisés que sur le précédent album (mais encore et toujours très imitation fidèle du meilleur du pop/rock américain), avec un ultime morceau, préfigurant les expériences des albums suivants, en beaucoup trop court : Hoo Doo. En fait, *Du ciment sous les plaines*, avec 14 titres, qui sortit en février 1991, était un album véridique, bien mieux écrit, sans arrogance, et surtout d'une facture 100 % Noir Désir. Malgré des allusions aux références (de la part des journalistes musicaux qui, bien sûr, ne peuvent user que de comparaisons fiables pour donner envie d'un disque, ou pour le faire détester), « l'objet » était le fruit du choix d'une indépendance artistique certifié Noir Désir.

En février 1991 donc, sort *Du ciment sous les plaines* avec 14 titres dont 4 en anglais.

Trop souvent qualifié de romantique et torturé, cet album était un pur produit de l'osmose entre les quatre hommes et leur équipe de l'époque. Ce type de qualificatifs paresseux servira d'assise, trop souvent, pour l'opinion d'une grosse partie du public aficionado de la formation. Le « diktat » idéologique du fan basique n'a, dès cette époque, fait que desservir une partie du travail du groupe.

Concernant l'enregistrement, une interview express mais parlante donnait les éléments nécessaires à la compréhension de cette bascule dans l'organisation autonome de Noir Désir. Un papier de Florent Garnier, pour *Best*, en mars 1991, ayant pour titre « Sans filet »

(Une erreur. Noir Désir, grâce au succès, bénéficiait, pour la première fois de sa carrière d'un filet de sécurité très solide). Cette interview est intéressante pour deux raisons : d'abord, l'esprit d'indépendance géré est très présent. Ensuite, Bertrand Cantat n'est plus le seul à répondre, signe d'un choix peu à peu revendiqué, pour mettre de côté, la part « sacrée » du chanteur.

Extraits :

Frédéric Vidalenc : « Il y avait aussi un enjeu supplémentaire, le pari de se passer de producteur. On est tout à fait nous-mêmes, avec le pote qui nous aide depuis toujours pour les maquettes, et avec l'ingénieur du studio qui avait déjà bossé sur l'album d'avant. »

Plus loin,

Denis Barthe : « On ne voulait pas de producteur, parce qu'au stade où on en est arrivés, on sentait qu'on avait besoin de mener ce disque de A à Z, de suivre l'histoire jusqu'au bout et de se prouver qu'on en était capables. »

Bertrand Cantat : « On avait besoin de tenir les rênes plus longtemps, de façon à ce qu'on ne puisse en vouloir qu'à nous-mêmes ! »

Sergio Tessot-Gay : « Un autre pari, c'est que les morceaux n'étaient pas tous finis quand on est rentré en studio pour les enregistrer alors que jusqu'à présent, à ce stade-là, les deux disques précédents étaient plus aboutis. »

Quelque temps plus tard, lorsque Cantat reprend les rênes et offre ses réponses à Emmanuel Tellier pour les Inrockuptibles de mars 1991, on retombe dans l'ambivalence intellectuelle et psychologique du chanteur. Quand le journaliste lui demande :

« Malgré cette évidente honnêteté d'esprit et la fidélité à vos racines, l'idée de séduction joue quand même un rôle primordial dans votre vie, non ? »

Il répond, égocentrique :

« Oui, bien sûr. On aime plaire, c'est naturel, je crois. Mais je pense sincèrement que cette séduction joue dans les deux sens. Le public nous séduit lui aussi. L'idée de partage, de complicité, est essentielle à nos yeux. Il y a un fond commun entre eux et nous, une idée de base qui nous réunit, des idéaux que nous partageons, ces messages que je saupoudre sur nos chansons. Ne parlons pas de communion, car l'idée est sans doute un peu excessive, mais il existe une complicité évidente. Et avec notre véritable public, cette relation n'est pas un phénomène de surface. Ce sont les manifestations superficielles qui nous font peur, ces relations basées sur du vent qu'on essaye de t'imposer. »

Tel un chef (spirituel ?) qui se refuse à l'avouer :

« Voilà : à un moment donné, j'ai senti que je n'étais plus qu'en réaction contre tout ça, contre ce qui menaçait la normalité du groupe. Je n'avais envie que d'une chose : me battre pour notre différence. Nous avions la chance d'accéder à une certaine popularité, il ne fallait pas pour autant accepter l'idée des compromis. Ce n'est pas parce que tu deviens connu que tu dois devenir un gros con. Il faut rester sincère, honnête, sans pour autant tomber dans l'excès inverse, la paranoïa. J'ai eu très peur, peur de ne plus réagir qu'en opposition au mal. Or, tu sais, l'opposition au mal n'aboutit pas toujours au bien. Il a fallu trouver un équilibre. Un équilibre instable, sur un fil, sans tomber à gauche dans la facilité d'un parcours tout tracé, celui que te concocte le showbiz, sans non plus plonger à droite, dans le gouffre de la parano et de la folie douce… Ce refus des compromis est très certainement une des données du nouvel album, mais ce n'est pas tout. Ce n'est pas seulement un disque réactif. Je crois qu'il ouvre aussi de nouvelles portes.»

Avant de reprendre la main, et faire preuve d'un sens critique et de l'analyse qui le caractérisent en fait :

« Mais eux, les gens du commerce, se sont déchaînés d'un seul coup. Tu connais le processus des maisons de disque : il y une balance qui tient compte des passages radio, des réponses média, des précommandes, ce genre de trucs, et puis, passé un certain seuil de ventes, ils réenclenchent la machine de guerre. Et là, il n'y avait plus moyen de les arrêter. Ils voulaient tout nous faire faire, des play-back, des 20 h 30… Il a fallu qu'on se batte très dur pour ne pas passer chez Foucault. Nous n'avions rien à foutre chez ce type. Que ce soit clair, nous n'avons rien à montrer chez des gens comme ça. Nous n'appartenons pas au même monde. »

Enfin, Cantat, qui lâchait depuis toujours, ses terreurs intérieures sur papier, expliquait, tel un adolescent mythifié par ses lectures et sa vision des grands auteurs :

« L'angoisse et l'écriture peuvent aller de pair. Même quand je traverse une mauvaise période, je conserve une espèce d'attitude d'écrivain, je me mets dans la peau d'un auteur. C'est nécessaire pour permettre aux mots de sortir facilement. J'ai une démarche d'écrivain, je garde toujours un bout de papier et un crayon, dans l'attente du mot, de la phrase. Il est primordial d'accepter l'idée même de l'écriture, de se reconnaître un certain talent. Sinon, rien ne sort. Mais malgré cette préparation morale, j'écris assez peu. »

L'album comportait aussi des approches réactualisant le blues. Si les morceaux calmes alternaient encore (et toujours) avec des séances de nerfs très écrites, il n'existait pas d'ovni ni de dysfonctionnement dans l'ensemble.

Increvables, et pour le plus grand bonheur de Barclay et du public, les Noir Désir reprirent la route, avec une tournée promotionnelle. Tandis que le single « En route pour la joie » était l'assise promotionnelle, l'album se vendit moins que le précédent, mais atteignit tout de même les 120 000 exemplaires. Cette fois, la presse ne fut pas élogieuse, critiquant généralement une production de moins bonne qualité, des titres réutilisant les mêmes « combines » que pour les deux précédentes sorties. Le jugement était sévère et affectait le groupe et particulièrement Cantat.

Sans attendre, dès la sortie de l'album en février 1991, une nouvelle tournée débuta avec de nombreuses dates en France, au Japon, au Canada… Noir Désir en profita pour faire jouer des amis et groupes dont ils étaient férus : Passion Fodder, les Thugs, Road Runner, etc.

Les tensions avec la maison de disque, les assauts de la presse, le rythme frénétique et les défaillances physiques et psychiques de Bertrand Cantat, contraignèrent le groupe à stopper sa tournée marathon, en mai, suite à une syncope du chanteur. Au fil des concerts, les Noir Désir donnèrent le maximum, terminant leurs prestations dans un chaos incroyable laissant sur le cul un public de plus en plus nombreux. Denis détruisant sa batterie, Sergio balançant des salves bruitistes et Bertrand allongé, effondré, en état de transe... Si l'on parle de cordes vocales endommagées, quelques journalistes, et pour le journal Libération en particulier, évoquent un traitement psychiatrique du chanteur... Dans l'interview donnée aux Inrockuptibles en mars 1991, deux mois avant l'arrêt brutal de la tournée, Bertrand Cantat parlait de ces syncopes à répétition :

« Cet état de transe peut-il aboutir à la syncope ?

Bien sûr. Ça m'est arrivé très souvent. C'est peut-être un peu gênant d'en parler comme ça, pendant une interview, j'espère ne choquer personne, mais je veux juste témoigner de l'existence de ces phénomènes. Il m'arrive très fréquemment de faire des syncopes à l'issue d'une période de transe, dans un coin de la scène. Je n'en ai pas honte, c'est comme ça. C'est plus fréquent lorsque je suis crevé, en fin de tournée. Mais ça peut m'arriver aussi lorsque je suis reposé. »

Son obsession pour le groupe, sa perception de leur carrière avait provisoirement eu raison de lui :

« Voilà un de mes problèmes : la peur du vide, du manque d'appétit. Parfois, je me sens vide, ou plutôt vidé. J'ai peur de ne plus rien avoir en moi, c'est très effrayant. Comme tu peux le voir, le groupe est pour moi une occupation cérébrale quotidienne, quelque chose qui me torture continuellement, une sorte d'obsession. Pourtant, j'essaie d'être vigilant, j'essaie souvent de penser à autre chose. Mais c'est dur, très dur. Je suis toujours occupé à me demander comment préserver notre petit univers, notre sacro-sainte honnêteté au milieu de ce merdier absolu… J'ai peur pour le groupe, tous les jours. »

Difficile cependant, après tant d'années de discours répété, de savoir la part d'intégrité et de sérieux dans les propos du groupe. Tandis que *Tostaky*, l'album suivant, cartonnait, encore une fois, les interviews, nombre de questions et de réponses tournaient autour du rapport au groupe avec la Major, avec le public, avec la presse, la liberté et l'indépendance… Une réponse de Denis Barthe dévoilait bien sûr le sens de l'humour du bonhomme, mais aussi l'idée que les problèmes réels de la société passait en deçà des conflits d'un groupe de rock avec le show et le business :

« Les vilains Trotskos ! (*rires*) À partir du moment où tu te retrouves dans la structure d'une Major, ou bien tu t'adaptes à cette structure ou tu essayes de rester toi-même. Quand on a signé chez Barclay, c'était l'équipe de Constantin. Au niveau des idées, c'était le bonheur total, mais après, ça s'est très vite dégradé car malheureusement, cette équipe était plus artistique que commerciale. L'époque où le commercial a repris le pas, c'était lors de la sortie de *Veuillez rendre l'âme* (à qui elle appartient). Il y a eu un face-à-face pendant un bon moment. L'article qui était paru dans les Inrocks était dépassé quand c'est paru, l'équipe sur laquelle on tapait avait déjà changé. Les « nouveaux tout gentils » qui venaient d'arriver n'ont pas compris, ce qui leur arrivait. Ils étaient presque traumatisés.» (Pour l'*Indic* n° 7. Janvier/ Février 1992, par J.-C. Panek et D. Salon).

À la limite de la logorrhée « rabat-joies », les journalistes étaient incapables de s'abstenir de ce type de questions et le groupe d'enchaîner, sans rechigner pour répondre. En fait, la formation rock touchait à une limite. Très autocentrés, ils vivaient leurs « malheurs » et les exposaient au grand jour sans jamais relativiser, sans jamais s'apercevoir que, sans doute, il y avait plus grave qu'une critique acerbe d'un journaliste incompétent ou très compétent… La suceptibilité allait à l'encontre de leur authenticité. Défendant des valeurs de liberté, d'expression particulièrement, ils n'encaissaient jamais les chroniques qui les « descendaient », considérant sans doute que leur création ne pouvait souffrir de ces gens qui n'aimaient pas ce qu'ils faisaient et le disaient très fort. La liberté de la presse s'arrêtait là où le groupe avait fixé la limite. Ainsi, ils ne participèrent pas à la brillante émission rock de Bernard Lenoir,

Black Session. Denis Barthe ne décoléra pas et porta un jugement qui ne valait pas mieux que les critiques de d'Arnaud Viviant :

« Le contexte est différent. Au départ, on devait effectivement jouer chez Bernard Lenoir pour se faire plaisir mais Arnaud Viviant nous a littéralement cassés environ une semaine avant d'être dans la même émission. On a donc fait savoir à notre attaché de presse qu'on refusait d'y aller. À ce moment-là, Bernard Lenoir s'est emballé, il a eu Bernard au téléphone pendant une heure en lui expliquant qu'il ne fallait pas se fâcher, que ça faisait partie du jeu. Mais quel jeu ? (rires) Il a ajouté que des groupes anglais avaient aussi mal pris les propos de Viviant mais que jamais, ils n'avaient pour autant annulé pour autant leur prestation. Et bien maintenant, c'est fait ! Et puis au bout du compte, on n'avait plus du tout envie d'aller dans cette émission à la con. De toute façon, si on était passés huit jours avant, Viviant nous aurait cassés après. On a bien fait. »

Et Cantat d'en rajouter une couche :

« Mais c'est la clé du système. C'est la peur absolue d'observer que les gens en France ont un réel pouvoir sur l'existence d'un groupe. Les Inrockuptibles étaient intéressants à leur débuts mais aujourd'hui, tu te rends compte qu'ils ont chopé des œillères. Il faut arrêter de déconner ! Et puis nous, force est de constater que l'on s'entend mieux avec "les petits médias" que les gros. Bizarre, non ? C'est toujours le même combat. Il faut donner des contrepoids à tous ces pouvoirs installés. La critique n'est pas mauvaise en soi à partir du moment où elle se justifie. On dit parfois que nous ne sommes pas frais mais tu as déjà observé une lueur de fraîcheur chez un journaliste bien installé ? Nous, on n'est vraiment pas de leur côté. Tous ces mecs qui appartiennent à la toile d'araignée médiatique ont réussi à rendre les gens dépendants. On se bat et on se battra toujours contre les chapelles et les milieux bien installés. On n'appartiendra jamais à ce type de milieu. Selon des critères normaux, les responsables marketing des maisons de disque arrivent soi-disant à déterminer le nombre de disques vendu après un passage télé, mais nous, nous ne fonctionnons pas selon des critères normaux. »

Il y avait des raisons évidentes à s'insurger violemment contre les médias, faiseurs de pluie et de beau temps, avec une mauvaise foi, parfois, à toute épreuve. L'analyse était encore une fois partielle. Cantat ne mentionnait pas la dépendance financière des journaux aux Majors qui, grâce à l'achat de pages publicitaires, contrôlaient les rédacteurs en chef, ainsi que les patrons de magazines. Se sentant victimes, les Noir Désir ne voyaient pas qu'il aurait fallu, bien au contraire, défendre ceux des journalistes qui n'avaient pas leurs plumes dans la poche, et qui faisaient partie des rares survivants d'une liberté de ton éditorial… Des années plus tard, ceux qui avaient enchanté des milliers de lecteurs avec leurs articles acerbes, mais libres, ont disparu, virés par des patrons de presse qui ne voulaient plus voir qu'une chose dans les pages de leurs jouets-journaux : des articles pseudo-critiques permettant de valoriser tout ce qui avait coûté cher en investissement. Dans les propos virulents du groupe à l'encontre des journalistes qui ne parlaient pas d'eux en bien, on pouvait se demander s'ils avaient conscience de rentrer dans le jeu du système qu'ils prétendaient critiquer…

Les Noir Désir, et Bertrand Cantat en avant, vivaient la fin d'une époque où ils se sentaient sincèrement en droit de se plaindre d'un statut que des milliers de groupes de rock français leur enviaient. La presse musicale, en définitive, leur reprochait d'avoir fait le meilleur choix, celui d'avoir signé avec une structure capable de proposer professionnellement, financièrement et d'un point de vue logistique, leur musique… La scène alternative agonisait brutalement, ou était exploitée à outrance par des businessmen cyniques, ceux-là mêmes qui, durant les années 2000, allèrent tuer la révolte dans l'œuf en affirmant qu'ils en étaient les vrais initiateurs…

Pour la première fois depuis le début de leur succès, Noir Désir provoqua un split qui ne disait pas son nom. Les quatre hommes se séparèrent, vacant à leurs destins individuels. Cette crise déclenchera une modification, pour l'avenir, de l'équipe qui encadrait, suivait et épaulait le groupe. Le tourneur Alias était préféré à Garance. Les managers, Didier Estèbe et Emmanuel Ory-Weil étaient virés et remplacés par Jean-Marc Gouaux, ex-manager de Camera Silens.

III
1992 – Début 1996

Les seuls gens qui existent sont ceux qui ont la démence de vivre, de discourir, d'être sauvés, qui veulent jouir de tout dans un seul instant, ceux qui ne savent pas bâiller.

Extrait de *Sur la route* –
Jack Kerouac

La rupture provisoire entre les musiciens était à la hauteur de la crise qui avait brisé la dynamique du groupe. Après s'être fait soigner, Bertrand Cantat partit en Amérique centrale, sillonnant le Mexique, Cuba ou encore le Guatemala. Embourbé dans son incapacité à supporter la pression liée au succès et au rythme des représentations, il ne souhaitait plus rentrer en France. En revenant sur le « split » provisoire, il exprimait, pour le magazine l'Indic, sa lassitude et son questionnement quant à Noir Désir :

« C'est un des éléments qui l'année dernière nous a un peu poussé à prendre du recul. À un moment un groupe se mécanise. Si tu prends conscience que la machine domine les personnes, mieux vaut savoir dire stop. »

« Les choses simples comme "Qu'est ce qu'on veut faire" ? Comment fait-on pour rester ensemble ? On ne se les répète pas tous les jours mais arrive un moment ou bizarrement, il faut néanmoins se poser le problème et essayer de le résoudre. »

Les autres membres du groupe s'isolèrent aussi. Serge Tessot-Gay s'éclipsa à la montagne, Frédéric Vidalenc vadrouillait en bateau, alors que Denis Barthe, resté à Bordeaux, collaborait avec d'autres musiciens : Blind Folded (Ils feront une première partie de Fugazi à Bordeaux) et Edgar de l'Est.

Les quatre partenaires ne se voyaient plus, ne donnaient pas le moindre signe d'une reformation de Noir Désir. Ce « trou » dans l'histoire du groupe coïncidait avec l'effondrement de la scène de rock alternatif français et l'émergence de la déferlante grunge, version encore plus abominablement commerciale d'une révolte mise en boîte, « marketée » à outrance avec, tout de même, des talents nouveaux qui marqueront les années 1990 : Nirvana, Fugazi, la plongée dans le succès des Sonic Youth. Ces derniers dont on pouvait enfin parler en France, après plus d'une décennie d'existence, d'errance, bénéficièrent de la vague grunge pour gagner un peu d'argent, enthousiasmer les premiers jeunes en baggy skatecore… Une scène nouvelle jaillissait avec l'esbroufe populiste Nirvana, ou encore Rage against the Machine et leur discours démago-révolutionnaire : « On fera la révolution à l'intérieur du système » (Tout en encaissant des droits d'auteur mirobolants).

Mais le groupe qui provoqua sans nul doute la « bascule » artistique de Noir Désir, fut Fugazi… *Fucked Up, Got Ambushed, Zipped In*, *Suis foutu, pris en embuscade, peux plus sortir* : Fugazi. Ce groupe fut une exception dans l'univers rock qui se commercialisait et se dégageait peu à peu du fond qui avait fait sa gloire. La démarche du groupe créé en 1988, était authentiquement anarcho-punk, plus encore guidé par l'esprit straight edge (Encore que le leader se soit toujours défendu d'être le fondateur ou même l'initiateur de ce concept). Ce mouvement fut une idéologie qui s'opposait au nihilisme porté par nombre de punks. En prônant l'abstinence, les straight-edges affirmaient que cela leur donnait l'assurance d'une pensée libre et claire. À l'origine de ce courant, une chanson de Minor Threat, Out of Step dont les paroles du refrain était : *Don't smoke, Don't drink, Don't fuck, At least I can fucking think* », en français, *Ne fume pas, ne bois pas, ne baise pas. Au moins je peux penser*.

Bien que les fervents de cette philosophie qui voulait lisser les méfaits du mouvement punk, saluassent l'énergie d'un rock hardcore, ils finirent par devenir des sortes de fondamentalistes sans Dieu, revendiquant parfois l'abstinence avant le mariage.

Formation à deux têtes, les morceaux de Fugazi étaient le fruit d'un binôme charismatique. Ian MacKaye, chanteur et guitariste des frénétiques Minor Threat, boulet hurlant hyper-énergique de rock hardcore sans concession, créa Fugazi avec le batteur Brendan Canty de Rites of Spring et le bassiste Joe Lally. Ils furent rejoints, un peu plus tard, par le second « cerveau » de la bande : Guy Picciotto, autre ancien de Rites of Spring.

La musique du groupe était audacieuse, pleine d'énergie, mais aussi cabossée d'expérimentations, avec comme point d'assise, quelques tracks-hymnes dont le fameux Waiting Room, entonné en transe par les foules qui se pressaient en sueur dans leurs concerts nerveux. Ces derniers étaient abordables, rarement au-dessus des dix dollars, mais aussi les albums qui n'excédaient que rarement ce prix. Cette démarche était largement dû aux revendications du groupe pour permettre au plus grand nombre d'accéder à leur musique, leur perception « alternative » du monde aussi. Il fut reproché au groupe de « virer » post-hardcore, s'enlisant dans un style qui s'éloignait peu à peu de la force brute du rock le plus dur. La proximité de Denis Barthe avec les Fugazi lors d'un concert à Bordeaux, montrait, en tout cas, son indéniable désir de découverte en matière musicale.

Dans le courant de l'année 1992, la machine Noir Désir redémarrait sur les chapeaux de roue, avec, tout de même une période d'observation. Les expériences individuelles de chacun des membres, allaient influencer l'avenir immédiat. Ils louèrent une baraque girondine appartenant à des gitans afin de flirter de nouveau, armés d'un seize pistes, s'essayer, se tester, vérifier qu'ils étaient compatibles. En fait, les amis n'avaient sans doute jamais été tant en phase.

Denis Barthe résume parfaitement ce moment pour le magazine *Best*, en décembre 1992, interrogé par Emmanuel Debaussart :

« On avait tous envie de se retrouver. Ça me fait penser à le phrase de Bergman : *Si tu me quittes est-ce que je peux venir aussi*. Mais la première répétition était quand même un examen. Il aurait très bien pu se produire qu'on n'ait plus ni les mêmes envies ni les mêmes idées. »

Sur recommandation des Fugazi et des Dirty Hands (un groupe de rock puriste d'Angers), ils s'allièrent à Ted Niceley pour la production d'un nouvel album. Tant la presse que leur public étaient persuadés d'une scission du groupe. En fait, la crise violence qui éclata Noir Désir permit des vacances salvatrices et une fusion complète. En entrant à l'Outside Studio, en septembre 1992, dans la région de Reading, à l'ouest de Londres, ils s'attelèrent à la confection d'un disque/fracture.

Sur le choix de l'Angleterre comme pays de reformation :

« Il était temps d'aller voir ailleurs ! Les choses se vivent avant d'être projetées à l'extérieur et un espace nouveau va forcément nous influencer. C'est pour ça qu'on ne voulait pas travailler en France, même s'il y a de très bons studios. On aurait bien essayé les États-Unis mais ce n'était pas la solution la plus simple. Il y avait un studio libre en Angleterre et voilà… »

« Todo es aqui », l'espagnol de “Tout est là” aboutira à cette contraction : *Tostaky*. Un single d'abord qui cartonne au Top 50 la honte des ventes, puis un album qui puait la sueur, le stupre, les crachats innommables, les salves de coups de poings nus et la force brutale s'inséra, comme une imposture, dans les bacs à disques… La grosse machine à faire de l'argent que Barclay devenait était dirigée par un certain Pascal Nègre.

Mais n'exagérons rien… Celui qui encense un acte de création de A jusqu'à Z et au-delà, n'est qu'un fan transi, avare d'esprit critique et obnubilé par sa satanée passion aveugle… Une sorte de danger pour l'art, le fan, mais aussi le journaliste qui succombait après avoir été incendiaire, limite lapidaire avec les précédentes « dentitions » des Noir Désir. *Tostaky* fut l'album de toutes les passions et de tous les agacements. De toutes les innovations et de tous les archaïsmes, les ringardises-friandises qu'on servait sans rechigner au gentil peuple…

Commencer par la part négative, presque lessive de cet album : *It Spurts*, un morceau qui ne pouvait que souffler le vent de l'enthousiasme chez les puristes, voire les puritains du rock à « l'english »… Des lourdeurs à s'en écœurer… Mais suivi d'un morceau tel « Lolita nie en Bloc », simple mais bétonné armé… L'album était ainsi fait, encore une fois, de ces morceaux chantés en anglais, qui était dû à l'incapacité flagrante des Noir Désir à comprendre qu'ils étaient un vrai groupe fonctionnant en osmose, encore et toujours, autour de la langue française… Cantat n'en démordra jamais… Chanter en anglais, c'était son côté petit garçon de 13 ans écoutant MC5 et rêvant de grandes scènes américaines, et de jeunesses américaines… de gloire américaine. Mais sitôt ce crachat anglo-saxon ravalé, il projetait en musique des textes en français.

« Ici Paris » avait été construit dans une chape de plomb couverte de béton… et d'une mélodie en cœur planante et frissonnante… Au lieu de sombrer dans les clichés, ce morceau à n'écouter que très fort au casque, utilisait les classiques effets, les cassures, les riffs, les distorsions au service de l'innovation et de la surprise subtile…

L'album n'était fait que de ça… Le morceau phare, qui devint le tube rock de 1992-1993, *Tostaky*, fut unanimement salué par la critique, le public, tout ce qui pouvait être vivant en France, ou presque… À l'heure de l'émergence de la techno, versus nouvelles machines, de ses Spiral Tribe (pour les raves devenues mythiques) et ses LFO, de scènes adverses hyper-novatrices soufflant le vent nouveau avec des perles géantes comme Massive Attack, la France bénéficiait d'une sortie de secours vers un rock authentique, influencé certes, mais rigoureusement jubilatoire. Noir Désir s'imposait soudain comme le seul groupe de rock populaire valide de l'hexagone…

Sans trop de mal, en définitive. Avec des hics dedans : Johnny Colere brassait de l'air… marin ? Une sorte de morceau heavy metal guerrier frôlant le kitch avec indécence. Ecrit par Christian Dargelos, Frédéric Renaud et Rémi Hubert, n'était pas folichon, d'autant qu'il était suivi de 7 minutes qui « ne lâchait pas la grappe » de celui qui s'y laissait prendre. Johnny Colère était une reprise du groupe Nu qui marqua les Noir Désir au début des années quatre-vingt :

« C'est un groupe qui a été très important pour nous au tout début des années 80. On était des fans total ! Le disque était malheureusement mal produit mais il y avait des ingrédients fabuleux à l'intérieur, et sur scène c'était une claque. »

L'époque étant aux métamorphoses des genres et à la dispersion, voire la déperdition des publics vers de nouveaux styles, des nouveaux sous-styles. Les jeunes commençaient à se diviser, culturellement, socialement. Et les maisons de disque de jouer sur ces « niches » commerciales spécifiques. Le temps des grands mouvements unitaires musicaux se distillait dans l'ère du « chacun son truc cool » (kiffant, dira-t-on quelques années plus tard). Ceux qui se fondaient dans ce qui restait encore un confidentiel, le mouvement des raves et de ses technos basiques, efficaces, offertes aux férus de nouveaux undergrounds. Ceux qui s'aventuraient dans les tranchées boueuses creusées par des illuminés géniaux offrant de jolis sourires malsains aux auditeurs estomaqués tel Aphex Twin, de son vrai nom Richard David James. Ceux encore qui se fondaient depuis des lustres déjà, dans un mouvement hip-hop qui faisait pâlir des blancs fumistes, toujours accrochés à leur incapacité à laisser la place au génie des autres. Le gros rap, mais aussi, en France déjà, des dentitions acérées sans sourire, au discours construit, assassin… Des merdeux, pourtant, affutaient leurs armes pour trancher cet estomac plein de bonne nourriture malaxée… Les phases de transition n'ont pas souvent été bénéfiques ces trente dernières années. Les machines à faire de la musique avaient en fait permis, à tous, de bidouiller du n'importe quoi sonore, avec le soutien fumeux de l'entourage. Des méga-stars abusives des années quatre-vingt, on était passé au carpaccio de genres… La scène rock, hormis les nouveaux « gros » hyper-commerciaux, bouillonnait et proposait des perles. The Pixies et leurs gueulantes, leurs bataillons de hits, et, beaucoup plus underground, The Cows et son leader barge : Shannon Selberg. Parler de cette formation n'est pas incongru. Même s'il est fort possible que les Noir Désir n'aient été touchés par ce groupe, *Tostaky* comportera des éléments et une énergie similaires à l'album *Cunning Stunts.*

Ce que Noir Désir dénonçait un peu grossièrement depuis des années, était en train de se produire. Les Majors embauchaient tous ceux qui avaient fait vivre les marges durant des années. Et ces mêmes initiateurs de toutes ces révoltes indispensables, vitales avaient finalement abdiqués, jouant les gros durs, les anciens, les « on me la fait pas à moi », pour en fait servir la soupe à des financiers, des patrons sans scrupules très branchés art, très culture, très anti-misère, très anti-costards, très copain-copain avec les « d'jeunes » qui se révoltent, etc. La lente déchéance par l'insertion friquée des anciens rebelles. Les mythes s'écroulent...

En exemple, le parcours d'un des membres de la machine à suer l'intégrité qu'était la Mano Negra, ayant signé chez Virgin à la fin des années quatre-vingt, mais continuant à vivre en toute indépendance. Santiago Casariego, dit Santi, déjà gestionnaire de la société Patchanka, passa du rôle de batteur d'un groupe au nom inspiré d'un mouvement anarchiste à patron de Directeur Général d'Universal Music Publishing en 1996, puis DG de la filiale d'Universal, Mercury/Island France, en 2001. Il sera membre du jury de PopStars... Lente descente en enfer. Cette histoire, comme celle de tant d'autres fers de lance de mouvements offrant l'espoir d'un monde nouveau à une jeunesse, certes individualiste (comme elle l'avait toujours été en définitive), mais potentiellement prête au changement, allait engendrer un monstre : des styles musicaux qui fourvoyaient la force des mouvements nés des années précédentes. Faire des révoltes un business sans fond, avec le sourire, et des milliers de victimes invisibles : le public des nuits agitées.

Noir Désir devenait finalement de plus en plus crédible. Le discours de ses membres était égal, permanent et suivi des faits. Bertrand Cantat dit :

« L'indépendance artistique est totale. Concernant l'aspect financier, on a demandé à ce que le rapport entre ce que la structure encaisse et ce qu'on encaisse soit réduit. Toutes décisions doivent être prises en concertation. Rien ne peut sortir sans notre accord, c'est juridique. Pour cela, nous avons du mener un combat. En ce moment, il n'y en a pas vraiment à mener mais ça peut revenir à tout moment. »

Tostaky était une réussite qui allait résorber les rancœurs provoquées par les tensions issues de l'album *Du ciment sous les plaines*. Mais l'histoire du groupe était sans cesse régie par des cycles : conception intense d'un album puis tournée excessive, puis « split », vacances, et retrouvailles avec changement partiel d'équipe. Les managers Didier Estèbe et Emmanuel Ory-Weil furent remplacés par Jean-Marc Gouaux.

D'un point de vue technique, l'album, pour la première fois, du fait des moyens dont disposaient le groupe, mais aussi du « genre » employé, fut enregistré dans des conditions quasiment « live ». Les quatre membres du groupe jouaient les morceaux en simultané, sans découpage ou décalage. Ce qui donnera à l'opus un goût de véracité, d'immédiateté. Une bombe terrifiante au service des tympans ankylosés de l'auditeur habitué aux puretés hyper travaillées des précédents épisodes… Pendant l'enregistrement de *Tostaky*, Cantat voulait lire :

« Pendant l'enregistrement de *Tostaky*, j'avais une malle avec une trentaine de livres ! J'ai eu le temps d'en lire deux ou trois. J'ai relu *Le pont de Londres* de Céline, un livre de Cendrars et quelques magazines comme le Monde diplomatique. Mais c'est dur de se détacher des ambiances pour lire. C'est pas en me retournant simplement sur le côté droit avec mon bouquin que j'échappe à ce que je suis en train de faire. »

Et parle de « Alice », un titre de l'album :

« C'est déjà un personnage plus imaginaire… hmm. »

Mais aussi de Johnny :

« Celui-là ce n'est pas moi qui l'ai écrit mais un groupe que j'aimais beaucoup et qui s'appelait les Nus. Je crois que l'on procède de la même manière, en prenant le côté totalement symbolique ; c'est absolument personne, Johnny, il représente seulement le symbole dans sa toute puissance. Ce que j'ai aimé dans ses paroles, c'est cette rage, cet écho du parti unique qui revient sans cesse dans la chanson. Johnny, c'est l'anarchiste et suis plutôt d'accord avec ça, là je suis d'accord ! Mais le parti unique tel qu'on l'a connu, alors là, non ! Jouer avec le symbole pur, ça devient des personnages symboliques d'une époque. Johnny c'est aussi la tentation terroriste, la tentation extrémiste, on épouse la cause jusqu'au bout. La chanson témoigne d'une époque et d'un type de révolte qui, à mon avis, doit être abandonné pour ses erreurs mais surtout pas pour cette énergie. »

De Marlène bien sûr :

« C'est Marlène Dietrich. Sans tomber dans l'excès et l'admiration fanatique, j'apprécie sa liberté, sa droiture, la femme qui se tient debout. J'apprécie ça chez les femmes, chez les hommes aussi d'ailleurs, mais chez elle, je trouve ça encore plus remarquable, pourquoi ? Je ne sais pas. C'est dans les faits. Tout ce qu'elle a pu vivre n'est peut-être pas à avaler, mais c'était un esprit indépendant, elle n'a pas eu peur de faire des choix. Il y a aussi chez elle des stéréotypes de la femme, on raconte qu'elle aimait voir se battre Hemingway et Orson Wells. Elle courait comme une folle après Gabin et on parle aussi d'une correspondance avec de Gaulle, de toute façon, personne n'est à prendre en bloc.

Il y a cette image de Marlène accompagnant les gens vers la mort qui domine. Je me demande parfois si elle n'aimait pas la guerre ? Non, en fin de compte, je ne crois pas, elle devait prendre la guerre comme une fatalité. Ce n'était certainement pas une pacifiste, mais elle agissait clairement en se donnant de A à Z, ce qui n'est pas rien. Elle accompagnait les gens à l'abattoir, sans pour autant cautionner la guerre, comme un don véritable de soi, enfin je crois. L'ambiguïté subsiste, c'est ce qui est passionnant. »

Ces propos recueillis au cours de l'interview de Thomas Pilon et Emmanuel Picault pour le fanzine *La porte n° 1* de janvier 93, laissent transpirer une vraie démarche intellectuelle intense et profonde du leader. Bertrand Cantat qui était l'initiateur du tube désormais européen *Tostaky* (il créa le riff en boucle de guitare et les salves de paroles que le reste du groupe habilla ensuite), restait, malgré ses certitudes, un pur réformateur, un idéaliste non-révolutionnaire, un agacé du

« système » et non un réel combattant intellectuel. À la lisière du monde de ceux qu'on appellera plus tard,« les bourgeois bohêmes », il mélange, brasse, flotte dans un tas de concept frôlant le point zéro de l'engagement en lançant :

« Nous n'avons pas de discours formel, ça n'a d'ailleurs jamais été notre propos. Mais il n'empêche que j'adore le rap bien que nous soyons très éloignés de leur parti pris dogmatique qui est sûrement une profonde source d'énergie. »

Il aimait donc le rap des cités, mais en aucun cas la rage destructrice qui bâtissait leur art (avant que Skyrock ne fasse de ce genre qu'un outil à produire de la « bitch » et des sans-crâne justement « a-politiques »). Alors que Noir Désir devenait enfin une formation centrale, crédible, d'une force créatrice qui se démarquait du lot, les premières initiatives politiques de Cantat devenaient audibles… Pas sûr que ce soit là le meilleur de Noir Désir…

Ce discours « non formel » allait jusqu'à l'incohérent morceau « Here it comes slowly » qui dénonçait explicitement la montée du fascisme. Un regard pertinent, jamais réducteur (Cantat ne limitera pas le fascisme au Front National), en phase avec celui de millions d'autres européens qui décelaient ce retour, avec une nouvelle silhouette, des idées crachant l'humain au nom de chefs haineux. Mais là encore, pourquoi fit-il le choix d'un texte en anglais que l'essentiel des auditeurs ne comprendraient pas en francophonie ? Noir Désir était fait pour la demi-mesure politique, les demi-mots, une timidité dans l'engagement qui irrita souvent de véritables militants et des journalistes interprétant cette façon de faire et de ne jamais aller plus loin, comme une frilosité, peut-être une naïveté, sans doute une garantie de ne pas offusquer les moins investis de leurs fans. Un article de Laurent Rigoulet dans le journal Libération (sur lequel il faudra revenir lors de la tournée *Tostaky*), cherchant à ridiculiser Noir Désir, traduira cette perception sans y mettre de pincettes.

En revanche, le regard et la pensée de Cantat sur une éventuelle démarche d'écriture laissaient déjà entrevoir une déchirure, un état d'esprit plus psychotique que serein :

« J'en ai beaucoup parlé, maintenant, je ferme ma gueule ! C'est excessivement difficile. Il y a beaucoup de gens qui ont du talent, des choses à dire dans une forme directement littéraire alors que moi ce n'est pas le cas. Pour l'instant, j'ai beaucoup de mal à détacher l'expression musicale et l'écriture. Ça viendra probablement mais il faudra que je sois dans des conditions totalement différentes ; ou alors je triche et je me dis que j'ai besoin de conditions particulières, par paresse.

J'ai peur de la solitude, c'est peut-être aussi pour ça que je ne le fais pas. Je deviens fou en quelques heures d'écriture, je comprends plus rien, je suis dans ce truc, cette sorte de spirale qui s'auto-génère… »

Le plus stupéfiant réside aussi dans le choix graphique et photographique… Les photos d'Anton Corbijn, Xavier Cantant, Philippe Prevost et Philippe Lévy, c'était comme Denis Barthe qui moulinait sans cesse à la batterie et l'incompressible capacité de Sergio à fabriquer du rythme avec quelques cordes électrisées… Avec un livret chiadé, Noir Désir avait encore une fois mis le paquet pour renouveler l'image des quatre membres. Très en phase avec les tendances vestimentaires « post-alternatives », ils étaient placés à la même hauteur, d'égal à égal. Peu à peu, le groupe se comportait comme tel, avec un leader plus en retrait, jouant moins de la séduction, interprétant avec plus de profondeur, avec plus d'une furie en phase de maturation. L'ego de Cantat se mettait au niveau de celui de ses complices. La crise de 1991 avait permis de lessiver les impuretés qui s'étaient immiscées dans leurs relations.

À peine sorti, l'album, porté par le tube « Tostaky », atteint facilement les cent mille exemplaires vendus en quelques semaines (Il se vendra à plus d'un demi-million d'exemplaires jusqu'au milieu des années deux mille). Sur le single, une reprise des Beatles ne pouvait que stupéfier les auditeurs. Le titre : « I want you », totalement remanié à la sauce brûlante, une grosse surprise. Bertrand Cantat y pose une voix grave cassée, sensuelle, fleurant bon une forme d'hystérie contenue :

« Ça doit faire sept ans qu'on y pensait ! On aime la compo, ce qu'elle dégage, sa folie, et ce genre de ligne un peu hypnotique. Mais on se disait qu'il fallait lui insuffler quelque chose que les Beatles, ces pédés mous, étaient incapables d'amener ! (rires) Non, on l'a un peu massacré en fait, et en toute conscience, mais c'est un massacre constructif ! Les Beatles font suffisamment partie du patrimoine général pour qu'on puisse y toucher d'une façon totalement détachée. (*Best*, décembre 1992).

Le public, de plus en plus nombreux, était en attente de cet opus. Le groupe avait travaillé de façon spontanée, non calculée. C'était en fait le début d'une nouvelle ère. Après avoir pondu des disques très autocentrés sur la personnalité fascinante et confuse de Bertrand Cantat, le groupe ouvrait une phase mêlant prise de conscience politique et approche décomplexée d'une notoriété gigantesque :

« C'est un album où tout est beaucoup plus ouvert sur l'extérieur, beaucoup moins nombriliste. Même s'il ne faut pas oublier que le "Le monde" ça reste aussi "ton petit monde à toi". Ce disque est vraiment imbibé d'un contexte sans être directement axé sur tel ou tel sujet. Aujourd'hui on est surinformés. N'importe comment, mais surinformés. Tout s'est rétréci. Le monde est tout petit. Tu sens le malaise en bas de chez toi comme tu le sens à l'autre bout du monde. Et il y a une extraordinaire conjonction entre les deux. Il y a des efforts ou plutôt des velléités mais les gens sincères sont quand même minoritaires. L'écart se creuse. Il est vraiment temps de se réveiller. Il faut déjà, pour commencer, intégrer l'idée que les choses puissent changer, ça ne peut pas durer comme ça. Ce n'est même plus une question de bonne conscience, il y a intérêt à aller très vite. Si on n'inverse pas le cours des choses de toute façon à court terme ce ne sera plus viable pour personne.

Les politiques lâchent du lest et le mot politique est devenu péjoratif, ça ne devrait plus l'être. C'est ça qui est dangereux. Parce qu'en ne voyant plus la politique on enlève aussi les aspects critiques sur des choses qui ont très très rigides. Et tu vois de qui je parle. Si ça c'est de la politique, alors il est grand temps de s'en occuper. Mais il faudra avant tout que la politique soit plus irriguée par la culture, par les préoccupations spirituelles mais pas au sens religieux, par les préoccupations qui soient de la vie et de l'épanouissement. (*Best*, décembre 1992)

De fin 1992 à fin 1994, Noir Désir s'engage pour une tournée marathon de plus de cent vingt dates dans des salles de moins de deux mille personnes, en France (Olympia et Bataclan à Paris), Belgique, Suisse, Italie, Allemagne, Hongrie, Pays-Bas, Suède, Norvège…

Le groupe commença par jouer dans de petits clubs en France et en Suisse. Cette première phase permettait de tester les titres de l'album dans des conditions optimales. L'inconfort matériel, l'étroitesse, la concentration de publics transpirant juste sous le nez des Noir Désir, voilà qui correspondait aux choix artistiques. Dans l'atmosphère confinée des clubs, les musiciens trituraient, retravaillaient les morceaux dans les conditions du live. L'enthousiasme du public, le lien presque physique favorisaient les élans spontanés et les improvisations électriques. Bien qu'étant un groupe « bankable » (terme somme toute grotesque mais finalement très parlant), ils prirent en main l'ensemble des paramètres de production. Coéditeurs des morceaux de Noir Désir avec leur maison de disque, avec la création de ND Musique (C'est avec structure qu'ils s'occuperont de groupes tels que Mush et Sleepers), ils imposèrent un format de tournée. Alors que le mouvement alternatif avait eu tendance à leur tourner le dos, dans les années quatre-vingt, ils revendiquaient, peu à peu, un rapprochement avec les scènes indépendantes.

« Au moment de notre premier disque et de notre signature chez Barclay, on sortait du cadre alternatif. Notre côté plus “soft” empêchait les gens de deviner quel type d'orientation ou quel type d'engagement politique nous avions. C'était pas net, enfin pour moi, ça l'était, mais cela ne l'était pas obligatoirement pour tout le groupe. Oui c'est vrai, on se sentait à côté, à côté de tout. » (*La Porte n° 1* – Janvier 1993)

Pour preuve de ce militantisme en faveur des artistes en marge du système des Majors, ils firent jouer, en première partie de leurs concerts, des groupes authentiquement rock : Shredded Hermines, Théo Hakola, Mush, Blind Folded, Dirty Hands, City Kids, ou encore les enflammés Burning Heads. On était, cependant, loin des groupes se risquant à des positions artistiques et politiques franchement compromettantes.

Blind Folded était une formation bordelaise avec laquelle Denis Barthe avait joué durant la pause de

1991-1992. Les Dirty Hands, d'Angers, avaient été à l'initiative des présentations avec le producteur des Fugazi. Les City Kids, basés au Havre, la ville où Cantat vécut son enfance, très influencés par le rock anglo-saxon, et particulièrement australien, fonctionnaient à contre-courant de ce qui se faisait à cette époque. Les Shredded Hermines étaient de Nevers. Enfin les Burning Heads, originaires d'Orléans, fondé en 1988, étaient les fers de lance d'un courant punk/rock mélodique et énergique exceptionnel en France.

Alors que les Majors étaient de plus en plus focalisées sur leurs marges bénéficiaires, les groupes de rock souffraient d'un manque de moyens conséquents pour se développer, et donner vie à leurs créations. Noir Désir, en offrant une dizaine de dates à chacun des groupes choisis, faisait figure de mécène artistique. Devant des salles combles, chauffées à blanc, les groupes pouvaient donner le meilleur et assurer une promotion de leurs morceaux devant des foules réceptives. Cela obligeait également les Noir Désir à se dépasser, reprendre en main l'ambiance survoltée insufflée par les rockeurs furieux… En exemple, les Burning Heads, habitués des petites salles débordant de publics rageurs, étaient des sprinters sautillant, hurlant, courant. Sans pause. Et sans causes.

Les morceaux étaient lâchés sur le public sans aucune retenue.

Noir Désir créait donc son réseau indépendant, tentant de créer des liens forts avec des artistes qu'ils respectaient. Ceux-ci étaient inspirés par un punk rock anglo-saxon assez peu engagé idéologiquement. Ils faisaient généralement le choix de créer des morceaux en anglais, un handicap supplémentaire. Alors que les Anglais, les Américains surtout, mais aussi les Australiens produisaient des groupes punk/rock ou hardcore mélodique à tour de bras, il n'était pas facile, pour des Français, de jouer dans cette cour. Le pari des Noir Désir était audacieux, mais permit à toutes ces formations de vivre et d'exister, pour un temps. À défaut de vendre des disques, mais aussi de bénéficier d'une diffusion large sur le territoire français, ces groupes touchaient un public, directement sur scène. Une décennie plus tard, avec l'apparition des graveurs, mais surtout d'Internet, les Majors allaient comprendre qu'elles avaient choisi la mauvaise voie, en ne s'intéressant jamais, ou de façon purement commerciale, au tissu de salles de concert sur le territoire.

Les Noir Désir misaient sur des groupes qui, pourtant, n'étaient pour l'essentiel, assez peu novateurs, trop souvent des redites, voire des copies des formations nord-américaines. Il faut se demander s'ils ne servaient pas, en définitive, de faire-valoir. Lorsque le groupe star se pointait sur scène, attendu nerveusement par le public de frais gardons romantiques et autres midinettes mineures ou à peine majeures à bloc, il effaçait aussitôt la prestation de ceux qui l'avaient précédé. Pour quelle raison Bertrand Cantat et ses trois complices ne faisaient-ils jamais jouer des groupes américains, charismatiques, sur le territoire français ? Le chanteur apporta une réponse relativement cynique quant à ces groupes, lors de l'interview de H.M. pour *Rock & Folk* :

« Les Dirty hands d'Angers, les City Kids du Havre, les Shredded Hermines de Nevers et les Burning Heads d'Orléans. Ils ont quatre démarches assez différentes mais, dans tous les cas, on les apprécie. Les Burning Heads ont été rajoutés, du coup, on les a vraiment découverts au niveau musical : ils nous ont filé de bonnes baffes. Les autres, on les connaissait déjà, humainement on les trouvait intéressants, et musicalement, c'était variable : pour certains d'entre nous, le rapport est plus humain que musical, chacun a son opinion, et on ne va pas rentrer dans les détails de nos impressions. »

Quand le groupe déboulait, les morceaux étaient joués façon sonique, comme un lâcher de chiens enragés sur une foule compressée, « addicts » du charisme et de la sensualité du chanteur qui, malgré ses affirmations, gardait le leadership sur l'attention du public. Sans enchaînement, ils embraillaient, balançaient un rock speed. Un pur exercice de rage. Du nerf, sans subtilité… quitte à rendre des morceaux comme « No no no » ou « What I need », inaudibles, en tout cas vidés de leur substance… En définitive, seuls les morceaux de l'album *Tostaky* fonctionnaient à la perfection devant une foule de groupies affables. Bertrand Cantat avait, certes, fait évoluer son look, son apparence vers des tendances plus « undergrounds », mais il restait le centre de tout, le seul vers qui les yeux des fans se tournaient… Si musicalement, les compositions étaient travaillées à plusieurs, Sergio, Frédéric et Denis restaient en retrait… À la fin seulement, tels des rockers « old school », chacun des membres semait le chaos sur scène : batterie renversée, dégueulis de larsens, profusion d'effets avec les lumières, etc.

La presse, que les Noir Désir exècrent globalement (« N'étaient acceptables que les journalistes écrivant des papiers positifs ».), les quatre trublions du rock nerveux à la française faisaient l'unanimité, ou presque.

Certains journalistes, cependant, bien qu'attentifs à la carrière du groupe, ne voyaient pas les choses avec autant d'indulgence. Ce regard incisif n'avait pas échappé à Cantat bien sûr qui, en décembre 1992, pour une interview faite par H.M., pour *Rock & Folk*, parlait de « la clique Libé », considérée par lui comme « branchouille » et « hermétique ». Ce que la critique de Libération soulevait en fait, c'était la juvénilité parfois pesante des textes de Cantat, sur les albums précédents. Ce qui, somme toute, n'était pas un jugement dénué d'intérêt et d'arguments… H.M., journaliste direct, cherchait à montrer que la critique pouvait être salvatrice, en tout cas pas plus rédhibitoire que la démarche purement commerciale des maisons de disque. Il relevait que les artistes étaient généralement bien plus virulents, critiques et violents à l'encontre des autres artistes.

Le terme de « clique Libé » était proprement inacceptable, en tout cas pas moins abject et répugnant que ceux que critiquait Cantat. Ce dernier criait à tout-va qu'il fallait supprimer le fascisme, que la réaction et les pensées d'extrême droite étaient à vomir… Ça ne l'empêchait pas, soudainement, de qualifier des journalistes critiques qui avaient eu l'outrecuidance de dire du mal de son œuvre, de clique… La liberté d'expression devenait intolérable dès lors qu'elle ne disait pas de bien des Noir Désir ?

Retour de bâton. En février 1993, Laurent Rigolet, journaliste à Libération, assista à un concert du groupe, à Nice. L'article qui en découla, provoqua les foudres limites haineuses de Cantat. Extraits choisis de cette chronique :

« Héritiers d'un certain rock français tripal intemporel, quelque part entre Trust, Johnny Hallyday et les Thugs, ce gun club de la ville de Djian et son chanteur incantatoire seraient-ils les nouveaux Téléphone ? Une reconnaissance sur le terrain, à l'heure de l'Olympia 1993. »

« À deux heures du matin, adossés à la fontaine dans un jardin de bord de mer, ils attendent la sortie de leurs sombres héros. De très jeunes filles qui ne veulent pas dormir, un garçon à catogan qui leur joue la sérénade. Depuis des heures que Noir Désir traîne en coulisses pour avaler une soupe et laisser retomber, autour d'une table vite dressée, l'excitation d'un soir, le répertoire entier a dû y passer ».

Le groupe se montrant enfin, l'adolescent au catogan se lance, guitare en bandoulière, dans une version squelettique de « Les Écorchés », complainte ado : « Emmène-moi danser, dans les dessous des villes en folie… », lance-t-il à Bertrand Cantat, auteur de la chose, sorte de double rêvé, compère-la-douleur : *Nous les écorchés vifs/On est sang et vices !*

Le chanteur pantalon noir, figure de craie carrée, anneau corsaire et blouson de biker, s'attarde attentif avec un rien d'angélisme, puis cherche vite à droite, à gauche un moyen de prendre la tangente. Ces enfants au cœur de rimailleurs, ces fillettes amoureuses, sont partout. On les retrouve de soir en soir, sur la route, de plus en plus nombreux, extatiques aux premiers rangs, confits à la porte des loges. La vague Noir Désir, modèle d'un rock français héritier de Trust et de Téléphone, prend.

« Ils se disent tête de bois, fidèles à une étroite morale rock ancestrale, qui veut par exemple que le Top 50 (ce qu'il en reste) soit pris avec des pincettes. »

« La troupe peut commencer sa procession dans ce paysage mouvementé, telle une bandeira de desperados dont les chariots cahoteraient parmi les ornières d'un blues énervé, démantelé. La guitare de Serge Tessot-Gay crée des accidents, Cantat y va de sa danse du feu, vociférant, hulule, Iggy Pop hypnotique ou Michael Hutchence par instants, Ganafoul à d'autres. Simple d'esprit inspiré ou pris d'une crise de haut mal, râlant. Il se laisse tomber. Comme dans “Joey” : *Si ton corps se balance, verras-tu plus loin/Ou est-ce la transe dont tu as besoin ?*

Il y a deux ans, en bout de tournée, tel abandon hystérique l'avait conduit aux portes de l'HP. À Paris, vidé, lessivé, par le cocktail classique nuits blanches/alcool/agitation, sans compter ses sacrés hurlements primaux en perte de contrôle, Cantat, qui ne veut pas dire pour rien "il chante" en latin, tourné Bill Hurley du cru, avait perdu la voix et le sens avec la voie, oublié toute idée d'équilibre mental, joué par la peur du vide. Le groupe ne communiquait plus, le froid avec Barclay était total, chacun décidait de suivre son chemin au moment même où Gamine, sorte de versant blanc angélique en Bordelais de Noir Désir, se défaisait dans l'indifférence générale après un mauvais album… »

« Les autres et Bertrand, cependant, font tous une fixation sur Fugazi et sollicitent de Ted Niceley, producteur du groupe de hardcore US, pour la production de l'album. Tendance au gros son, donc (avec, comme de coutume, une certaine flamme convaincante, voire quelques réussites et puis des complaisances, plantages.) Les textes sont jetés. Dans le doute toutefois, suscité en partie par une critique qui n'a pourtant pas toujours épinglé les amphigouris et pataquès de Cantat, « poète » : « J'aimerais que ceux qui me font la leçon me donnent une méthode pour adapter le rock à l'expression française, plaide-t-il. Bien sûr, il y a Murat, Gainsbourg quelques trucs de Manset… mais je n'ai pas d'exemple venant du rock. C'est déstructurant. Je me pose des questions sans arrêt sur ma valeur. Je me dis : "Tu parles d'une affaire ! T'as du boulot !" J'essaie mais je manque clairement de repères. Dans tout ce qu'on écoute, il y a pas la moindre expression française. Il faut que je vive avec ça. Ça a fini par me taper sur le système. »

« Dopé par la flamme des compères, par l'agitation de Sergio Teyssot-Gay, il se laisse néanmoins descendre, la tignasse en bataille, et finit sur le dos de manière compulsive de petit Vince. Encore quelques mois de tréteaux. Il se calmera pas, fera son Van Gogh, rappelant Philippe Pascal, faisant Ian Curtis (Rocker de Manchester pendu dont le photographe, Anton Corbijn, signe après celle du dernier REM, la pochette très U2 de *Tostaky*) il fera le fou quoi qu'il advienne : « C'est toujours pareil, je n'arrive pas à rester en dedans. Il faudrait que je contrôle, que je me préserve… Mais ça recommence… J'ai envie de laisser aller ! Déjà je n'arrive plus à lire, à trouver des moments de respiration… Si je n'allais pas vers la transe, ça ne m'intéresserait pas. »

Écrit et incendiaire… La « clique Libé » semblait avoir encore quelques flèches à son arc. Bien sûr, l'article était teinté d'une mauvaise foi, finalement de bon goût. Quelques pierres brillantes ressortaient inévitablement des lives des Noir Désir. Les titres « La Rage », « Ici Paris » ou encore « Marlène », étaient « increvablement » transperçant. L'affaire aurait dû en rester là. Un journaliste sachant écrire, ne crie que dans de bons papiers. Et ce fut le cas. Il n'était pas question de lire cette chronique autrement que comme une pure mise en écriture d'un événement rock lambda… Il suffisait simplement de subir le public de Noir Désir pour s'en convaincre. Les mièvreries de jeunes lycéens blancs-becs ressassant sans rien y comprendre des termes comme « Lutte », « révolution » ou encore « rock »… « Un garçon à catogan qui leur joue la sérénade », un instant de traduction exacte de l'état d'esprit qui régnait dans la queue qui menait à la salle de concert… Insupportable. Subir ça revenait à entrer et à attendre agacé, le début des prestations, pour couvrir les gentilles idioties de ces gamins fort peu combattifs, loin, très très très loin des publics écorchés virils des soirées dites alternatives… Les soirées brûlantes dans des MJC laides de banlieue où des groupes s'évertuaient à postillonner sur trente clampins ivres… Noir Désir voulait se donner des airs d'indépendance devant… des centaines de milliers de jeunes gens respectueux des vigiles à l'entrée, ayant payé des places à des prix infranchissables pour le commun des enfants d'ouvriers chômeurs… et autres esseulés du monde.

Laurent Rigolet ne faisait qu'écrire une évidence, l'exprimer avec classe et précision… Et ça provoqua une réaction d'enfant gâté, une crise de nerfs inacceptable pour celui qui se prétendait le défenseur de la liberté. La critique était toujours bonne et utile mais… pour les autres…

En février 1993, le jour de la publication de cet article, Noir Désir jouait à l'Olympia… Bertrand Cantat, après avoir joué trois morceaux sans décoincer, se lança alors dans une diatribe haineuse, brandissant le journal Libération vers la foule de beaucoup de pisseuses, beaucoup de pisseux et de beaucoup d'authentiques auditeurs crédibles, et qualifiant le journal de « torchon »… Grotesque et révélateur. Cantat n'avait jamais su contenir aucune de ses colères, dépassant les bornes quand il se sentait offensé. Entier… Bertrand.

Cette tournée éprouvante se traduisit par la sortie de Dies Irae (signifiant « Jour de colère », tiens donc ?), en janvier 1994, un double CD enregistré en live et mixé au studio du Manoir par Ted Niceley. L'objet était une pure traduction des Noir Désir en live. C'était également une vidéo appelée Noir Désir, et réalisé par l'excellent Henri-Jean Debon, qui sortait dans le commerce. Il s'agissait de concerts filmés à Paris et à Lyon.

La tournée se terminait au Bol d'Or, devant des milliers de motards sans doute plus intéressés par les riffs de guitare que par l'esprit de lutte du chanteur. L'endroit était envahi d'hommes (et de leurs « gonzesses ») franchement intrigants de part leur passion machiste pour le deux roues… Les choix de concerts des Noir Désir étaient parfois… incompréhensibles et en totale opposition avec les idées qu'ils affirmaient défendre… Pas certain en effet que les motards en aient quelque chose à cirer des idées de gauche… pour une majorité d'entre eux, du moins. Un Cantat éructant généreusement devant des types en cuir… Voilà quelque chose qui ressemblait aux postures scéniques de Trust, de Téléphone et de Johnny Hallyday.

Noir Désir s'accorda également une tournée en Europe, généralement dans des clubs où quelques dizaines de spectateurs se pressaient. Une façon de confronter leurs capacités scéniques à un public non initié. Cette démarche était tout à l'honneur de chacun des membres du groupe, une forme de courage artistique unique parmi les artistes connaissant un grand succès.

Un seul concert eut lieu en 1994, le 24 juin, au Palais des Sports de Marseille, afin de soutenir l'association Cholera No, luttant pour l'éradication du choléra qui laminait une partie de la population péruvienne.

Le groupe s'arrêta une nouvelle fois pour recharger les batteries. Bertrand Cantat se fit opérer des cordes vocales qu'il avait détruites lors de l'immense tournée *Tostaky*.

Denis Barthe rejoignit le groupe Edgar de L'Est et Serge Tessot-Gay accompagna Little Bob pour trois concerts. Il enregistra chez lui un premier album solo à l'aspect expérimental, Silence Radio, publié début 1996.

Quant à Frédéric Vidalenc, il continua de s'adonner à sa passion, la voile. Il quitta le groupe pour divergences artistiques selon le communiqué officiel. Il sortira un premier album solo, *La Latitude des chevaux*, en mars 2002. Il est remplacé à la basse par Jean-Paul Roy, qui s'occupait des instruments sur scène lors de la tournée de *Tostaky*. Bertrand Cantat parla brièvement de ce départ pour L'Indic, en 1996 :

« Tout ce qu'on savait, c'est que si Fred partait, Noir Désir ne s'arrêtait pas. On s'entend toujours bien avec lui, il joue d'ailleurs sur un morceau de l'album, "Septembre en attendant". L'alchimie, les rapports humains, y compris les rapports de force ont complètement changé avec Jean-Paul. Il n'a pas la même approche des choses que Fred, la même intelligence dans le fait de résoudre des conflits. Dans un groupe, il y a toujours des nœuds qui se forment, comme dans une famille, et son approche des problèmes est intéressante. »

Il raconta également ce qu'il avait vécu suite à la tournée *Tostaky*. Comme à son « habitude », totalement lessivé, l'esprit très perturbé, Cantat se laissa encore croupir :

« Pendant des mois, je suis resté enfermé à Paris. Je n'ai absolument rien à en dire, aucun souvenir. J'étais incapable d'écrire, je manquais de courage. Totalement brûlé. Si j'avais été moins lâche, je me serais jeté dans quelque chose. Mais je n'aspirais qu'au repos, je ne lisais que des bouquins qui ne touchaient pas aux trop grosses émotions, je n'en avais pas la force. Ma vie n'était rythmée que par mes rendez-vous médicaux, ma rééducation. Un aller-retour à l'hôpital, ça faisait une journée bien remplie. Sinon, je glandais, j'essayais de me restructurer en griffonnant. Je n'avais aucune envie de sortir, de fréquenter les lieux de musique. » (Entretien JD Beauvallet pour les Inrockuptibles, 1996)

À l'automne 1995, les musiciens se retrouvèrent et reprirent les répétitions.

IV
1996-1999

Créer n'est pas un jeu quelque peu frivole. Le créateur s'est engagé dans une aventure effrayante qui est d'assumer soi-même jusqu'au bout les périls risqués par ses créatures.

Journal du Voleur (1949) –
Jean Genet

En 1995, pendant que Bertrand Cantat croupissait dans des voyages sans sens, Denis Barthe, friand d'expériences « réelles » et musicales, se lança dans la réalisation de *La Berlue*, le premier album d'Edgar de l'Est, produit par… Grosse Rose Records, le label de… Noir Désir. Soit.

Quant à Serge Teyssot-Gay, l'escapade fut solitaire, expérimentale, en tout cas singulière, même si « l'aventure » n'était qu'une énième exposition d'émotions de second couteau… Sans trop de complexe, Sergio accepta d'être produit par Barclay qu'il affirmait ne pas avoir sollicité. Soit aussi. Alors pour quelle raison cette Major tout aussi portée sur l'argent frais que les autres, aurait-elle accepté de produire un sept titres, Silence Radio ?

Quand des centaines d'artistes expérimentaient et développaient des créations hors norme sans jamais voir poindre le bout du nez des producteurs de masse… Silence Radio était tout de même un disque laissant entrevoir les projets futurs du guitariste. Une technicité fatigante, mais une créativité intense, frappante souvent, digne des « gratteux » anglophones mais cette fois, en marge de Cantat et les autres, avec une grosse touche de sonorités internationales maîtrisées. Il frôlait la transe avec Noir Désir, il commençait à la vivre en solo…

À Bertrand Cantat, il était demandé s'il se sentait prisonnier de Noir Désir. Sa réponse était éloquente, sans doute dramatique, in fine :

« Il vient de l'adolescence, c'est un peu lourd. Au moment de faire notre premier disque, on nous a conseillés d'en changer. Theo Hakola qui le produisait, détestait ce nom. C'est uniquement parce qu'on était déjà des frondeurs professionnels qu'on l'a gardé. Pourtant, on en avait déjà marre, on se sentait prisonnier de ces deux mots, de ce signifié. Mais le nom a évolué avec nous, ce n'est plus un carcan. Le public – qui attend quelque chose de précis – de déjà fait avant –, c'est le piège.

Je voudrais parfois l'oublier, ne pas avoir de comptes à rendre. C'est pour ça qu'il y a de tels breaks entre les albums. Il faut reconstruire à partir de zéro, balayer les attentes, les pressions. Et pourtant, il y a beaucoup de choses qu'on n'a pas tentées, on s'est freinés de nous-mêmes. » (*Les Inrockuptibles* – 1996)

Le leader confiait, à demi-mots, qu'il s'usait un peu plus à chaque tournée, acculé par un public étouffant, une presse sur le qui-vive, des nuits de plus en plus abîmées par les abus… Une forme de dépression de plus en plus profonde à chaque fin « d'orgie »…

C'est au début de l'année 1996 que Jean-Paul Roy intègre la cohorte Noir Désir en remplacement de Frédéric Vidalenc. Ce dernier n'a jamais eu à expliquer les raisons de son départ aux médias, puisque ceux-ci n'avaient jamais prêté la moindre attention à celui-ci… Le bonhomme était pourtant loin d'être dénué d'intégrité et d'intelligence… Les bassistes, qu'ils fussent Américains, Russes, Luxembourgeois ou Français, n'ont jamais été que des seconds couteaux sans qui le groupe ne peut jamais fonctionner. Ça faisait de Fred un artiste interchangeable. Après dix années passées dans le groupe, il rentra dans sa vie, oublié (les groupes sont toujours d'une langue de bois affligeante lorsqu'un de leur membre s'en va, pour échouer dans un néant d'où l'on ne vient jamais les cueillir). Le remplaçant, un roadie, un ami et un ajusteur de guitares et de basses, se proposa pour rejoindre la formation en trio. Jean-Paul Roy, d'après les dires des autres membres, apportait une organisation et une rigueur (que Fred, semblait-il, en contraste, n'avait jamais apportées). Du même âge que Cantat, musicien discret au service des autres, il tenta sa chance en proposant sa candidature... Étonnemment, les crises étaient effacées par des communiqués de presse où des déclarations à demi-mots des membres du groupe lors d'une interview pour le fanzine Ramdam, de Claude Faber, en mars 1997. Éloquent. JP Roy, le new batteur s'exprime et balance sur son prédécesseur, informe d'une crise qu'encore une fois, les trois compères tassèrent, écrasèrent, en évitant :

« En fait, on se connaît depuis pas mal de temps et je n'avais jamais eu l'ambition de prendre la place de Fred. Je suis arrivé, c'était un peu la tempête et je leur ai demandé s'ils voulaient un coup de main. Et je suis resté.»

Cantat surmenait ses névroses... En public. Déstructuré par sa carrière de chanteur nerveux et « pressé », il perdait régulièrement pied, épuisé sans cesse par la bête malade qui croupissait dans ses entrailles :

« Mes nerfs finissaient par en prendre un coup. Je n'en étais quand même pas à boire seul, mais souvent, je ne buvais pas pour m'amuser. Comme avec la dope, j'ai eu la chance de toujours me rendre compte quand ça virait dans le pas intéressant. Là, je prends du repos, je m'éloigne. Je refusais de choisir mon camp entre les gens qui fustigent les drogues et ceux qui pensent que la vie passe forcément par ça. Les deux attitudes sont ridicules. » (Les Inrockuptibles – 1996)

L'éternel rituel. Donc. Après une « pause » « assumée », le groupe se reconstituait sur des bases « saines », avec un membre en moins, et les journalistes d'insister encore, toujours, sur l'état d'esprit après cette pause… Et Cantat d'étaler en douceur, à demi-mots, des crises d'existence violentes… et une incapacité à saisir sa vie et le déroulement qui allait avec. En 1997, sa façon de parler des années aux énergies amoindries au-delà de la trentaine, montrait simplement qu'il était encore assez vert pour appréhender la maturité. Dans la même interview, en 1997, dérouté par les questions, envahi par les doutes, il dit une chose puis… son contraire :

« L'histoire de la cassure des 30 ans – à laquelle je ne voulais pas croire-, je n'y ai pas échappé. Et dans un monde étiqueté adolescent comme le rock, ça soulève des questions. J'avais déjà des doutes, des complexes, mais à 30 ans, c'est devenu grave. On ne peut pas avoir envie des mêmes choses toute sa vie. Que la prime jeunesse et cette incroyable énergie – en grande partie de l'inconscience – ne soient plus là de la même façon, tant pis et tant mieux. On n'a peut-être plus envie de tout bloquer sur la pure énergie, tant pis pour cette partie du public qui demande une performance. Je suis peiné pour Iggy Pop, qui doit faire son cirque tous les soirs alors qu'il affirme envier ses copains qui écrivent des symphonies. Mais lui n'ose pas, il est prisonnier, il fait son Iggy – malgré tout mon respect. »

Iggy Pop devait-il vraiment se prendre une injonction abusive ? Sans doute non… Le seul type rock'n'roll survivant d'une époque mythique avait encore l'énergie nécessaire, et Cantat en était outré. La réponse à la question suivante s'opposait à la réponse précédente, ou presque :

« Nous fonctionnons avec des règles adolescentes – des non-règles. »

En juillet 1996, Noir Désir entrait au studio du Manoir, à Léon près de Dax, dans les Landes, avec Ted Niceley. Et ce, pour deux mois de travail intensif. Ted Niceley avait manifestement répondu aux souhaits, aux attentes des membres du groupe. Son approche était celle d'un puriste du rock aventurier, celui qui explorait des espaces inconnus. Un rock qui se voulait presque narratif, développant une histoire, des sentiments mêlés. Quand les Français glandaient sur les plages, s'éreintaient en VTT sur les chemins caillouteux des montagnes, se saoulaient au pastaga à deux pas d'une tente Queshua, se risquaient aux soirées karaoké, gratouillaient sur une guitare mal accordée du Marley Bob dans des criques de galets, les Noir Désir préféraient préparer un disque pour l'automne, l'hiver... Leurs moyens étaient illimités. Totalement riches, ils pouvaient désormais s'adonner à l'expérimentation, aux tentatives de nouveaux sons. Des idées aussi...

C'est en 1995 que Bertrand Cantat rencontra Akosh Szelevényi. Ce saxophoniste né en Hongrie en 1964 était un féru de jazz puissant et libre d'Éric Dolphy, de John Coltrane ou encore de Don Cherry. Il devint un élément rénovateur pour les créations du groupe. Ses apports, son approche très décalée de la musique, novatrice, allaient concourir à la production de morceaux très différents de ce qui avait été fait auparavant.

Le titre « Fin de Siècle » fut intégré à la compilation « Les Inrockuptibles » de septembre, alors que le groupe était encore en studio.

Leur cinquième album studio, *666.667 Club*, paraissait en novembre 1996. Avec cet opus, l'aspect politique était plus flagrant. Mis en avant. Versé dans l'oreille des fans comme une révolution. En vieillissant, en devenant millionnaires, ils pratiquaient un discours d'extrême gauche, à la limite… Comme les porte-flambeaux d'une cause, discutant le monde comme le feraient les millions de vrais fauchés, sans millions, eux.

Alors que *Tostaky* avait unanimement provoqué un électrochoc pour ceux des Français qui l'avaient écouté, *666.667 Club*, paraissait moins accessible. Plein de tentatives. Des virages dans les intentions artistiques.

« En fait, dans notre création, les ambiances intimistes sont arrivées d'abord. Quand on s'est remis au travail, on est parti sur des trucs très doux. Mais chassez le naturel, il revient au galop. Et on est reparti sur des compositions plus dures, plus électriques. L'ordre de l'album ne correspond à aucune chronologie. D'ailleurs ce n'est pas nous qui avons déterminé l'ordre des chansons. C'est Ted Niceley (co-producteur de l'album, ndr) qui a trouvé l'idée. » (Bertrand Cantat pour une interview de Claude Faber de Ramdam en mars 1997).

Le titre de l'album était le résultat d'une association d'idées. 666 était le nombre ressorti d'un concours de rapidité avec métronome électronique. Tous les membres du groupe étaient parvenus à 666, d'où l'association du mot Club. Enfin 667, était évidemment une façon de conjurer le sort : ajouter 1 au chiffre satanique. *666.667 Club*. Pourquoi pas ?

La pochette et le livret de l'album avaient été réalisés par Henri-Jean Debon. Un bel objet où les Noir Désir étaient visuellement plus en retrait. Les photos qui composaient le livret étaient tournées vers le monde. Un regard excentré. Enfin ! Répondant aux questions de Zoé Lin en novembre 1997, pour le journal l'Humanité, Bertrand Cantat parle de la couverture de l'album, avouant à demi-mots, qu'ils étaient sortis de la phase « je suis la victime du système on veut nous faire du mal » :

« C'est parce qu'on ne peut s'abandonner, même si cela nous est arrivé parfois, et peut encore nous arriver. Lorsque le doute est trop fort, cela pousse à un certain nihilisme teinté de cynisme… Nous réfléchissons à comment nous battre. Dans le groupe, nous avons pour principe de tout discuter ensemble. Forcément, ça prend des heures, on s'engueule pas mal… Bon, ça fait quinze ans que ça dure ! Plus ça va, plus chacun de nous développe son autonomie. Durant un temps, nous avons été paranoïaques mais pour des raisons compréhensibles. Radicaux au point de craindre toujours d'être récupérés, nous avons pris le temps de mûrir. Maintenant, nous pouvons sans crainte être plus ouverts. »

Les textes de Cantat, très souvent, étaient plus limpides, délestés d'une surexposition d'effets de style. Fluides. Les mots placés. On reprocha trop le côté sombre des textes de cet album. Il s'agissait purement et simplement d'une écriture, parfois géniale, souvent frappante, et rarement minable. Sur ce point, Bertrand Cantat avait réussi, certes, à piétiner ses formules pauvres, ses jeux de mots.

Extrait de « Fin de siècle » :

C'est comme ces fumées rouge-orange
Des rubans qui s'étranglent
Autour de mon cou c'est étrange
On pourrait brûler
Ahh avaler
Le grand déversoir des images cyniques
À boire à plein tube
Cathodique
Attendez-moi
J'avais envie de venir aussi
Mais voyez-vous ça va trop vite
N'allez pas si vite
Mon vieux numéro
Y'avait les drapeaux du grand soir
Y'en avait des rouges, y'en avait des noirs
Aussi loin
Que je me souvienne, loin !
Quand les missiles montaient tout droit
Un cliché réussi d'une fin d'époque.

Et du morceau « Les Persiennes » :

Un jour ils s'effilent, se délitent en sommeil
Des caravanes immenses de guerriers
Ondoyants qui appellent
Petits vers grouillent grouillent grouillent
Nettoient les flûtes des morts, curent les os

Font place nette, et l'esprit peut flotter
Cataleptique
Élan cyclopéen
Zone inhospitalière
S'en sortira demain
Qu'il est loin le soleil

Le « beau gosse », le charismatique gueulard, le « romantique pour midinette » avait trouvé les mots... C'était un passage de son existence où il avait semblé saisir son temps, sans en faire des caisses. La question du journaliste des Inrocks sentait la bêtise, mais Cantat y répondit :

« Y avait-il un romantisme pour les personnages autodestructeurs ?

Adolescent, j'étais fasciné par l'extraordinaire cadeau que ça représenta le don de soi. Je suis allé assez loin pour me faire peur... Mais ça a arrêté d'être romantique quand je me suis senti le dindon de la farce, certain de me faire avoir par cette mythologie. Ça devient trop gros, on finit forcément par se dire que des trucs méritent d'être vécus à long terme. Heureusement il y a des hasards, des rencontres, qui te font donner un coup de reins.

Ça tient à pas grand-chose. Et puis, je n'ai jamais été junkie – les dépendances étaient moins tyranniques. Je marchais plus à l'épuisement total qu'à l'héroïne, je devenais totalement branque, je ne me ménageais plus du tout... À force de pousser la machine, les nerfs lâchaient. C'est alors facile de se laisser entraîner. Mais maintenant, il n'est plus question de glorifier ça. C'est fascinant parce que c'est définitif, parce qu'il n'y a pas la moindre déchéance physique, mais mourir jeune n'est plus une priorité. La queue de comète peut être jolie à voir aussi. » (*Les Inrockuptibles* – 1996)

Le morceau « Septembre en attendant » était crédité à Frédéric Vidalenc, le « déserteur » du groupe. Alors que tous les morceaux de Noir Désir étaient partagés, pour les droits, entre les quatre membres, cette fois l'exception fut faite pour « offrir » une ultime part au bassiste qui avait partagé la vie du groupe durant dix ans.

Sitôt le mixage terminé, au mois d'octobre, le groupe s'envola pour le Japon, pour le tournage du clip « Un jour en France », par Henri-Jean Debon. Un bijou en la matière.

Combinant un manga dévoilant la France de ce milieu des années quatre-vingt dix, mais aussi les Noir Désir en version héros, avec des images d'adolescentes japonaises se nourrissant de ces mêmes mangas, le clip vire rapidement à la plaisanterie. Les Noir Désir, arrivés en chair et en os, à l'aéroport de Tokyo étaient stupéfaits par un attroupement de gamines japonaises, groupies surexcitées plaquées contre une vitre, hurlantes, délirantes… Enfermés dans une chambre d'hôtel, les quatre Français étaient dépités par ce phénomène. Puis une présentatrice japonaise dévoilait le sort de chacun d'eux : Cantat suicidé, Sergio en moine imposteur, etc.

Dans la même veine humoristique, le clip du morceau « Un homme pressé » débute sur l'entrée des Noir Désir dans un quartier populaire, où ils se font caillasser et bombarder d'un cocktail Molotov. Ils enchaînaient alors sur une chorégraphie façon Boys Band, mal finie, sans souplesse, qui ne pouvait provoquer que l'hilarité. Une fois encore. Mêlant images d'actualités et plans champêtres et bucoliques (Cantat marchant dans un pré vert, suivi par un groupe d'enfants habillés de blanc…).

Une telle approche des morceaux qui allaient devenir des tubes, donnait finalement du sens à leur démarche. Ces clips grandissaient les morceaux, démontaient l'image d'artiste blessé de Cantat, et rendaient sympathiques, moins secondaires, les autres musiciens.

Cette stratégie paya, et *666.667 Club* deviendra disque de platine (un million d'exemplaires).

De novembre 1996 à novembre 1997, le groupe reprit la route. Fidèles à leurs principes, ils commencèrent par jouer dans de petits clubs, offrant une acoustique et une proximité de bon aloi, pour des morceaux toujours aussi électriques, hurlés ou murmurés. Forts de l'expérience de la précédente tournée, ils se ménagèrent des plages de repos, afin de préserver l'unité du groupe, l'enthousiasme de chacun mais aussi la santé de Cantat :

« J'avais jusqu'alors une énergie débridée qui me permettait de me faire très mal – à la gorge, au corps – tout en pouvant récupérer très vite. Pour moi, ça n'altérait pas les choses mais ça leur donnait de la valeur. Et puis, il y a un jour où un déclic se produit, où ça commence à te bousiller. À une époque, je recherchais la syncope sur scène, je me poussais à des excès, sans calculer les conséquences. Je les ai prises dans la gueule plus tard. » (*Les Inrockuptibles*, décembre 1996).

En 1997, ils furent contraints d'accepter de jouer dans des salles plus importantes afin d'éviter une accumulation de dates :

« En effet, on a commencé par des clubs, puis des salles d'environ 2000/3000 personnes, sans oublier l'Olympia, et on s'est arrêté en décembre. On est reparti en janvier pour des endroits qui au départ nous effrayaient vraiment, style Zénith. Tout le challenge, c'est d'arriver à faire quelque chose de chaud, d'arriver à avoir un contact valable, une bonne acoustique. On sait que ce n'est pas évident mais on essaie de relever le défi. » (Cantat pour *RamDam* – Mars 1997).

Le groupe, débordé par sa popularité n'avait d'autre choix que d'entrer dans un système de tournée phénoménale, obligeant à la distance avec le public. Cela les préservait du rythme insensé qu'ils s'étaient imposés pour la tournée *Tostaky*. Ils participèrent également au Printemps de Bourges et aux Eurockéennes qui étaient des festivals brassant des dizaines de milliers de personnes.

Noir Désir fit jouer, une fois de plus, des groupes en première partie de leurs concerts. Pour cette tournée, les « élus » étaient d'une grande qualité artistique. Les belges dEUS, Prohibition, Diabologum et les Américains Sixteen Horsepower.

Denis Barthe : « En ce qui concerne “dEUS” on les a choisis tout d’abord parce qu’on les aime et puis parce qu’on a pas voulu taper systématiquement dans le groupe de rock comme ça s’est passé sur la tournée *Tostaky*. On a cherché à se faire plaisir : c’est un choix autant musical que jouissif. »

Le terme jouissif est le plus approprié lorsqu’on écoute dEUS. Fondé en 1989 par Tom Barman (chant, guitare), Stef Kamil Carlens (basse, chant) et Rudy Trouvé (guitare, chant) accompagnés de Julles De Borgher à la batterie et de Klaas Janzoons au violon, dEUS développa une musique pleinement électrique, teintée d’une frénésie créative géniale. Avec un morceau comme Suds & Soda, ils transcendèrent les foules qui s’amassaient devant eux, partout dans le monde. Bondissant énergiques.

Prohibition fonctionnait sur d’autres ressorts. Nicolas et Fabrice Laureau avaient grandi entre ex-URSS, en Allemagne, aux États-Unis et en France. Cette vie nomade influença considérablement la diversité des approches en matière de composition musicale. Ludovic Morillon en 1989, fréquentant la même fac que les deux frères, intégra le groupe. Très vite, ils arrêtèrent les études au profit de la musique. Le saxophoniste Quentin Rollet rejoignit Prohibition en 1992.

C’est avec le label français Distorsion que le groupe a produit ses deux premières réalisations, en 1993 et 1994. En 1994, le groupe créa Prohibited Records qui permit la sortie de leur troisième album, Cobweb-day.

Très vite, les frères Laureau s'intéressèrent à de jeunes formations visionnaires et bruyantes que l'industrie du disque française ignorait complètement. Dès 1995, ils travaillèrent avec Weird Moves, Purr, Pregnant, Heliogabale et passèrent à la production de véritables albums dès 1996.

En 1997, Rollet a également créé son propre label de jazz d'avant-garde, Rectangle, avec le guitariste français Noël Akchoté.

La richesse culturelle de Paris a été la source d'inspiration du groupe. Leur quatrième album, *Towncrier* s'articulait autour du regard qu'ils portaient sur Paris. Le dernier album, *14 Ups and Downs* a été enregistré en avril 1998, avec Peter Deimel au Black Box Studio (France).

Avec cette formation expérimentale, frôlant l'extrême, Noir Désir s'assurait une première partie étonnante pour un public souvent peu enclin à la découverte.

Diabologum était une formation toulousaine aux compositions imparables. Fondé au début des années quatre-vingts dix autour de Michel Cloup (Peter) et Arnaud Michniak (Tadz) et avec trois albums, *C'était un lundi après-midi semblable aux autres* (1993), *Le Goût du jour* (1994), *#3* (1996), ce groupe lâcha dans les oreilles d'un public qu'on classa, bêtement, comme initié, un cocktail de rock noisy, de pop sophistiquée et de collages expérimentaux. C'est essentiellement avec *#3*, leur troisième album, que Diabologum devint l'un des rares groupes cultes et fondamentaux en France. Cette formation qui fera date, a « splité » en 1998. Michel Cloup lança sa formation, Expérience, et Arnaud Michniak développa l'exceptionnel et sans concession groupe : Programme.

Sixteen Horsepower était un groupe de rock américain fondé en 1992 par David Eugene Edwards et Pascal Humbert.

Son rock sombre virant à la pop-folk était influencé par des artistes tels que John Fogerty, le Gun Club ou Joy Division. La musique de Sixteen Horsepower était marquée par des mélodies des Appalaches, une folk presque traditionnelle, du bluegrass, du gospel, et du folk européen. Les créations de Sixteen Horsepower avaient une saveur de... Noir Désir. Leurs lives, très statiques, étaient avant tout des prouesses musicales dégagées de toute mise en scène.

L'album *666.667 Club* était beaucoup plus engagé politiquement. Très clairement, Noir Désir avait l'énergie pour lutter contre le Front National, mais aussi pour un certain nombre de combats humanistes, voire humanitaires, qui deviendront les grandes causes altermondialistes de la fin des années quatre-vingt dix et du début des années deux mille. Si Cantat avait toujours été sensibilisé au déséquilibre d'un monde nouveau, les autres membres du groupe étaient plus en retrait. Généralement, ils laissaient le chanteur mener la danse pour défendre des positions politiques.

Mais ça n'avait pas beaucoup d'importance...

Les mairies de Vitrolles, Orange, Marignane et Toulon étant tombées dans l'escarcelle d'élus Front National, les Noir Désir, armés de morceaux aux textes évocateurs, allaient se jeter dans le mouvement de lutte anti-FN. En exemple, ce concert à Toulon où le groupe invita les rappeurs sans concession Assassin alors qu'ils étaient interdits de représentation dans cette ville. Une époque nouvelle était en train d'apparaître. Les grandes causes des années 1980 contre les famines et la misère étaient complétées par des approches nouvelles de l'investissement humanitaire, voire humaniste. Entre politiquement correct, « bien pensance » et luttes concrètes et efficaces, chacun pouvait trouver sa place dans la multitude des causes… Noir Désir commença à devenir un groupe associé à diverses initiatives. L'époque s'y prêtait.

En 1997, symboliquement (souvent hélas, les groupes à la notoriété importante n'ont jamais cessé de ne s'attaquer qu'à des symboles, évitant soigneusement de sortir du jeu médiatique des artistes au grand cœur), ils soutenaient la salle de concert, le Sous-Marin, installée à Vitrolles depuis quelques années, et que le nouveau maire, la femme du numéro deux du Front National, Catherine Mégret avait décidé d'asphyxier en cessant de la subventionner. La raison invoquée : « Une programmation musicale développant les mauvais instincts de la jeunesse ».

Un concert de soutien fut alors organisé au Stadium de Vitrolles avec Noir Désir, Massilia Sound System, Miossec, Les Thugs, Burning Heads et Biocide.

Le lendemain du concert, les membres de la mairie entraient par effraction dans les locaux du Sous-Marin, cassant l'entrée et son enseigne puis murant les issues. Une manifestation de soutien fut organisée… L'équipe du Sous-Marin, Bertrand Cantat (Président du comité de Soutien) de Noir Désir, des partenaires publics, des associations, des artistes, des personnalités du spectacle et du monde politique prirent la parole. Mais rien n'y fit.

L'analyse faite par Cantat sur la montée du Front National était assez floue. D'un côté, il fallait s'asseoir sur les contrastes droite-gauche, ne pas miser sur des idéologies écrasées sous le Mur de Berlin, de l'autre côté, le grand méchant ennemi que constituait le FN était bien là, sorte de dernier obstacle pour l'établissement d'un monde parfait. La réflexion en était là. C'est-à-dire aux rudiments. Il exprima son regard sur cette question lors d'une interview réalisée pour le quotidien, l'Humanité, en novembre 1997 :

« Il est la conséquence du terrain abandonné, de la dérive du politique dans les années 1980… Une conséquence de la précarité. Historiquement, le fascisme ne s'installe pas quand tout va bien. Mais c'est une conséquence très bien enracinée. Il n'a jamais cessé de progresser. Il s'efforce de gagner en respectabilité. J'ai tendance à croire que si tu enlèves les raisons sur lesquelles il croît, il disparaît, même s'il s'appuie sur la part la plus sombre de l'être humain. Jouer sur la frustration, l'exclusion de l'autre, la haine, cela peut prendre de l'ampleur. C'est très porteur de vociférer la haine, même si, après, il faut creuser. Les raisons du vote FN dans le Sud sont différentes de celles de l'Est du pays. »

En novembre 1997, Noir Désir participa à la soirée « Viva Zapata », un concert de soutien aux Indiens du Chiapas conduits par le sous-commandant Marcos :

« Dans ce concert de soutien aux Chiapas, on retrouve des groupes et des gens aussi divers que Lofofora, Sapho, Génération Chaos, Tarace Boulba… Bien sûr, de nombreux groupes meurent d'envie de dire et d'agir, de s'engager dans des histoires qui ont un sens, et ils sont tous différents. Nous ne tenons pas un discours unifié. Nous ne constituons pas un parti. Là-dedans, des éléments nous séduiront plus que d'autres. Mais le problème n'est pas là. Il est dans la rencontre entre les soixante associations participant à ce forum. Elles ne sont pas d'accord entre elles sur tout. L'intérêt, c'est que ce genre de soirée brasse tout ça, que les gens se parlent, que ça avance. »

« Nous sommes très fiers de participer à un concert de soutien pour une idée si belle… Le plus surprenant, à travers cette histoire du zapatisme et du sous-commandant Marcos, qui s'avère très mexicaine, très indienne du Mexique, c'est sa faculté à toucher à l'universalité. C'est non seulement intéressant, mais complètement ouvert, parce que n'importe qui peut se l'attribuer. Beaucoup d'associations se reconnaissent dans ce mouvement mais, que je sache, il n'est pas de représentant zapatiste "officiel" en France à qui l'on puisse s'adresser. Tout est complètement éclaté. C'est une parole qui peut toucher des gens complètement différents, de pays différents. »

Le show-business a souvent eu à cœur de s'associer, voire de porter des messages universels. Les combats menés pour le bien des opprimés sont devenus comme des obligations morales à la limite de l'indécence, tant ces artistes choisissent de surexposer leur grand cœur médiatiquement, à outrance. La démarche des Noir Désir était plus sincère, puisque les membres du groupe ne se servaient pas de leurs combats pour relancer les ventes de leurs disques. Comme souvent.

Leur investissement humanitaire et politique se dirigea également contre les lois Pasqua-Debré qui avaient privé des milliers d'immigrés de leurs papiers, faisant d'eux des clandestins alors qu'ils avaient travaillé en France, en toute légalité, pendant des années. Les Noir Désir signèrent donc la pétition de soutien à ces sans-papiers lancée par des journalistes et des cinéastes.

L'accumulation de causes était totalement assumée. Cantat, surtout, ne souhaitait se focaliser que sur un « combat ». L'engagement politique des Noir Désir les amenèrent à organiser une manifestation sur l'esplanade d'une gare désaffectée : Un jour à Bordeaux. Trente mille personnes étaient présentes, venues assister à l'événement, découvrant les groupes de rock les plus populaires du moment, mais aussi une quinzaine d'autres formations de la région. Une soixantaine d'associations et organisations humanitaires étaient présentes, mais aussi des organisations de lutte contre le racisme.

« La mondialisation – telle qu'elle est envisagée actuellement – ne risque ni de satisfaire les exclus et encore moins les Indiens. Il est curieux de voir comment le couple mondialisation-internationalisme engendre un écartèlement sémantique contemporain : la mondialisation pourrait être l'internationalisme. Or, c'est tout le contraire. Inévitablement, se construit en face une autre chose, qui soulève des questions lesquelles sont loin d'être innocentes. La mondialisation pour qui ? Pour quoi ? D'où ce regain d'internationalisme, mais sur des bases complètement différentes. On n'est plus du tout dans la même configuration. Cela change tout. Comme la parole est, elle aussi, renouvelée, les mots, la poésie retrouvent de l'importance. Dans l'histoire des luttes, la poésie n'a pas toujours été en bonne place. Quand je dis poésie, je pense liberté de parole, appel à la beauté, à l'humour aussi. » (Bertrand Cantat pour l'Humanité, novembre 1997).

L'interruption de la tournée donna lieu à une dispersion de la formation. Chacun des membres se hâta de vivre ses propres expériences.

En 1997-1998, Bertrant Cantat participa à l'album *Lenne* d'Akosh S. Unit, mais aussi à Low Estate de Sixteen Horsepower où il fait une reprise de *Fire Spirit* de Gun Club et de *The Partisan* de Leonard Cohen. Serge Teyssot-Gay, quant à lui, participa à l'album *Blue Story* de l'ovni rock hallucinant, Little Bob. De son côté, Denis Barthe, fidèle à ses vieilles amitiés, rejoignit Théo Hakola pour la réalisation de son nouvel album, *Over-*

flow, produit par Grosse Rose Records, le label de Noir Désir.

L'actualité de Noir Désir était la suivante :

Tout d'abord, les quatre artistes participèrent à un album hommage consacré à Jacques Brel, mort vingt ans plus tôt : *Au(x) Suivant(s)*. Aux côtés des Têtes Raides, Bashung (l'artiste/summum), Arthur H, Zebda, Cantat et ses comparses y firent une reprise remarquable du titre « Ces gens-là ».

« Ces gens-là est une chanson qui m'a toujours mis par terre. Dans son dernier Olympia, Brel va très loin, très loin, au sommet… Les années passent, et il est là. » (*Télérama* – Novembre 1998)

« On est au monde » apparut subitement, lancé dans le commerce… « On est au monde » était la compilation des vidéos, clip, pubs d'Henri-Jean Debon, le musicien réalisateur franchement talentueux. Sortie en octobre 1998, cette cassette en format VHS offrait une relecture de la carrière du groupe, faisait des Noir Désir, une formation gesticulant entre fiction et réalité. Une prouesse imbibée de talent, avec quelques poncifs intello-étudiants quelque peu récurrents : extrait du « Triomphe de la Volonté », le film de propagande nazie de Leni Riefenstahl, insertion de la voix de Deleuze, extrait d'entretien avec Jean-Luc Godard. Une façon un peu facile de montrer l'engagement, l'investissement et la conscience du groupe.

L'ensemble était pourtant une réussite artistique et grandissait l'œuvre et les messages du groupe. Un inconvénient encore : le prix. Loin de la démarche de Fugazi, Noir Désir ne fixait jamais de limite aux tarifs. Les relations avec Barclay étant normalisées, leurs combats étant devenus le fer de lance de leur dynamisme artistique, les Noir Désir ne cherchèrent pas à lutter contre les marges bénéficiaires de leurs créations. Malgré la qualité grandissante de leur travail, malgré les combats « antimondialisation », ils ne se dispensaient pas du système qu'ils critiquaient volontiers, lorsque des « grands patrons » s'en mettaient plein les poches, envers et contre les êtres humains acculés à la misère. Ce n'était pas une « perversion idéologique » portée par ce groupe. La fin du millénaire, en France, comme dans l'ensemble des pays occidentaux, se prêtait à la lutte contre les injustices, contre la famine, contre la guerre, contre le racisme… tout en acceptant sans jamais le contredire, le système qui générait ces mêmes vices.

Cependant, un projet d'ampleur, trottant dans la tête des Noir Désir, fécondé en 1997, vit le jour en 1998. *One Trip One Noise* était une compilation de reprises de leurs morceaux par d'autres artistes. Après une sélection laborieuse et difficile parmi les dizaines d'envois tous azimuts, le choix se porta sur – pour ne citer qu'eux – « Replicant », « Gus Gus », « Yann Tiersen », « Telepopmusic », « Sloy », « Treponem Pal », des formations qui avaient le vent en poupe, concernant leur capacité à expérimenter, et à toucher des zones de création nouvelles.

Pour *Rock & Folk*, en décembre 1997 :

« Sergio — Notre sélection s'est faite de novembre1997 à septembre 1998.

Denis — Les premiers arrivages n'ont pas été fabuleux, loin de là : sur les quarante premiers, on n'en a gardé aucun.

Sergio — Ensuite, on est passés à une qualité supérieure.

Bertrand — On a donc eu un gros doute renforcé par une seconde série qui nous a toit envisager un trois-titres. voilà pourquoi on ne s'est jamais engagés avec la maison de disques.

Bertrand — La sélection proprement dite n'a pas été très difficile.

Denis — Elle a été très longue mais assez évidente à l'écoute.

Sergio — On est tous tombés d'accord sur la totalité des morceaux.

Denis — J'ai seulement eu quelques réserves sur "Lazy" que je ne trouvais pas fabuleux.

Bertrand — On a hésité sur certains titres qui nous semblaient intéressants mais ne résistaient pas à la dixième écoute, un peu comme la feuille morte qui se détache de l'arbre toute seule. Au bout d'un moment, la qualité du disque est apparue et on a mis la barre plus haut que le simple bidouillage ou le bricolage marrant. On n'a conservé que de véritables univers, avec une histoire derrière : soit une vraie prise de risque, soit un vrai grand respect. On recherchait l'un de ces deux extrêmes et pas une simple démonstration du style "Regarde comme je sais bien me servir de mes machines". On a rejeté les expériences de mecs doués mais sans oreille. »

Dans la continuité de leur investissement politique et social, le 07 avril 1999, un concert de soutien en faveur du Gisti (Groupement d'information et de soutien aux travailleurs immigrés) fut organisé à l'Élysée-Montmartre, à Paris. Au total, ce furent trente-deux artistes qui se ruèrent à l'événement : les Têtes Raides, Miossec, Dominique A, Rachid Taha, Louise Attaque, Sergent Garcia, Gnawa Diffusion ou encore les Rita Mitsouko, pour ne citer que ceux-là. Bien évidemment, l'événement qui devait permettre de renflouer les caisses d'une association créée en 1972, dépassée par les lois Pasqua-Debré, ségrégationnistes et arbitraires, ne rapporta finalement pas un centime à l'association. Les coûts de production avaient été trop importants.

Afin de pallier cette erreur d'appréciation, la reprise de la chanson « Les p'tits papiers », de Gainsbourg, un jet efficace surgit d'un album enregistré durant ce concert rare : Liberté de circulation.

Ce rattrapage in extremis permit de remplir les caisses de l'association, au-delà de toute espérance. Ce soutien aux sans-papiers, alors que les socialistes étaient au pouvoir, avait quelque chose d'incongru. L'investissement des artistes sur cette question (entre autres) se limitait à des concerts devant des publics conquis à la cause, contre toute attente. Pas une seule délégation de ces mêmes personnages médiatiques ne fut organisée en vue d'une discussion de ces lois.

L'association Gisti était certaine de survivre et de continuer le combat en faveur des travailleurs immigrés, tandis que les artistes s'en retournaient à d'autres causes. Télérama publia un article de Frédéric Péguillan sur l'album *Liberté de circulation*, produit par le label Naïve, en juin 1999.

Extraits :

« Le concert de soutien ne suffit pas ? Alors faisons-en un CD, ont proposé les artistes réunis pour une association d'aide aux immigrés.

Toute personne a le droit de circuler librement et de choisir sa résidence à l'intérieur d'un État. Toute personne a le droit de quitter tout pays », y compris le sien, et de revenir dans son pays. « Cet article de la Déclaration universelle des droits de l'homme a été adopté comme les autres par l'ONU, il y a tout juste cinquante ans. Mais voilà : nombre d'États, dont la France, n'ouvrent que chichement leurs frontières aux pauvres et aux persécutés de la planète.

Cette politique n'a obtenu d'autre résultat que de fabriquer des sans-papiers. Depuis longtemps, déjà le Groupe d'information et de soutien aux immigrés (Gisti) se bat contre cet état de fait en prônant la liberté de circulation, au nom de l'égalité entre les êtres humains. Entre autres activités (publication, formation, participation au débat d'idées sur les droits des étrangers…), cet organisme indépendant, autofinancé à 40 % par ses éditions et ses donateurs, apporte bénévolement une aide juridique aux étrangers auxquels l'administration refuse visa, carte de séjour, protection sociale et nationalité française.

« Sur l'album live figurent morceaux de bravoure ou reprises choisis par chacun, mais pas les inédits offerts ce soir-là par certains groupes. Contacté, le jeune label discographique Naïve, qui ne compte aucun artiste sous contrat à l'affiche, accepte de distribuer le disque en reversant tout le produit des ventes au Gisti. « Il ne faut pas nier les bénéfices d'une telle opération pour notre image, admet Olivier Lebeau, directeur artistique de Naïve. Mais il est aussi important qu'un acteur culturel comme nous supporte ce type de combat. Que le disque se vende bien sera la plus belle des récompenses pour le Gisti et les artistes. »

Les Noir Désir, et Bertrand Cantat en premier lieu, étaient sincères et investis. Quid de certains autres participants ?

V
2000-2003
Chapitre inachevé ?

Ça me fait peur, les gens prudents, les gens précautionneux, ils ont plus d'avenir que de présent, ils sont assis, ils se croient debout. C'est effrayant, non ?

Jacques Brel

Tirer l'histoire d'un groupe sur deux décennies. Jusqu'à l'épuisement, la lassitude souvent. Supporter les petites histoires d'ego, de crises médiatiques, se recoiffer sans fin avec des interviews quelquefois un peu vieillottes où l'on doit s'enquérir de l'état d'un chanteur excessif, parfois siphonné, paradant, se la jouant, racontant à quel point il milite, se bat pour, se met en branle grâce à et s'agace de ce qu'on ne lui dit jamais qu'il est parfait. Un groupe et ses musiciens aux personnalités absentes, vaguement présentes, secondaires. Une troupe de bras droits hyper talentueux.

Alors en 2000, Noir Désir avait déjà vingt ans. L'expérience aurait dû s'arrêter là. Les quatre complices épuisés avaient fini par faire le tour de la question. Continuer, c'était s'encroûter, continuer à jouer les révolutionnaires de salon, déblatérer un rock ressassé, avec une part de surpoids et des messages de papas ayant bourlingué, racontant à qui voulait l'entendre, qu'il était possible de faire les cons avant, revendiquer, « mais maintenant c'est différent, les jeunes sont plus ci, et le monde est plus ça… ». Soit.

Lors d'une interview pour les Inrockuptibles, menée par Jean-Daniel Beauvallet, en août 2001, Bertrand Cantat résuma, avec ses mots, cette tendance à l'encroutement :

« On a parfois eu le souffle coupé par nos contradictions, on avait l'impression de ne plus avoir de légitimité pour ouvrir nos gueules. Parce que malgré tout, à l'arrivée, on a eu du succès, on a gagné de l'argent. Je ne sais pas comment les mecs du hip-hop font pour gérer de telles contradiction ; très mal, sans doute. Nous, nous n'avons jamais fait ce groupe pour rester dans un placard mais une fois que tu es entendu, tu n'es déjà plus dans les sans-voix. Là, il faut te souvenir où est ta trace profonde, ta famille. J'allais dire "Ta famille de combat" ; car nous sommes crypto-trotskistes, nous aussi (rires)… La famille, c'est un truc plus intérieur, ça empêche de tomber dans le parvenu. La lutte, c'est de ne pas couper la mémoire. »

C'était ainsi qu'un groupe qui faisait figure de Trust ou de Téléphone de cette fin de millénaire, avec ses causes humanitaires, ses combats socio-politiques totalement soutenus par une majorité des citoyens, son aura politique, ses petites crises, devait entrer enfin dans le panthéon des « génies français » avant de se laisser aspirer par la « kitchisation » de leur œuvre, assortie de méga concerts et de postures rebelles à l'emporte-pièce.

Les projets solo allaient bon train depuis le énième faux-split des Noir Désir. Bertrand Cantat :

« Serge a quand même fait deux albums solos. Ce que j'ai fait, moi, est encore moins visible, ça a été des expériences enrichissantes, qui m'ont nourri ; peu importe que ce soit exposé ou non. Ces expériences nous ont montré à quel point d'autres choses nous manquent : là, sans le groupe, on se met à poil, les habitudes et le savoir-faire ne servent plus à grand-chose. Et puis après, il y a la prétention de croire que ce que nous réalisons ensemble, personne ne peut le faire à notre place. » (Jean-Daniel Beauvallet – *Les Inrockuptibles* – Août 2001).

Serge Teyssot-Gay était plongé depuis longtemps, très longtemps dans « La peau et les os », œuvre de Georges Hyvernaud, écrivain français peu connu et reconnu, mort à 81 ans en 1983, il y retraçait l'horreur de la guerre et le quotidien des habitants d'un camp de prisonnier. Absorbé par les mots de l'écrivain, il fit jaillir de son ventre son second album, *On croit qu'on en est sorti...* Il tourna en live seul, ou accompagné de Marc Sens et les Hurleurs.

De son côté, Denis Barthe insistait dans ses voies parallèles, en collaborant à *La vie c'est de la viande qui pense*, le premier album de Néry, ex-VRP et Nonnes Troppo. Lorsqu'on se penche sur les carrières extrêmement uniques des trublions VRP, on ne peut que saluer ce rapprochement. Denis Barthe s'allia également à Jean-Paul Roy pour le très électronique projet, *L'œil du voisin*.

Jean-Paul Roy encore, travailla avec le désormais ex-bassiste de Noir Désir, Frédéric Vidalenc, pour la création de son premier album.

Quant à Bertrand Cantat, il s'investissait dans le projet d'Akosh S. Unit. Chantant, jouant des percussions et de l'harmonica, il se fondait aisément dans un tel projet.

En 1999, il proposa aux autres membres de Noir Désir, de se retrouver... à Marrakech, au Maroc, pour un séjour surprenant. Un mois de novembre au son des musiques marocaines, mais surtout celle des Gnawa(s), étonnant courant culturel, ethnique et particulièrement musical qui connut, dès 1997-1998 un engouement en France grâce, entre autres, à Gnawa Diffusion, mais aussi le groupe lyonnais de dub, High Tone, servant magnifiquement ses morceaux assortis et renforcés par des Gnawa(s). Ces derniers recevaient, grâce à leurs créations une juste reconnaissance. Ces descendants d'anciens esclaves issus de populations originaires d'Afrique Noire. Ils furent forcés à l'exil par les anciennes dynasties marocaines.

Les confréries de gnawas au Maroc, s'articulent autour de maîtres musiciens, les mâallems, des joueurs d'instrument, appelés les qraqech, des voyantes (chouaafa), des médiums et des adeptes. Ils pratiquent ensemble un rite de possession syncrétique (appelé Lila au Maroc, Diwan en Algérie) et où se mêlent à la fois des apports africains et arabo-berbères pendant lequel des adeptes s'adonnent à la pratique de la transe. Le festival d'Essaouira au Maroc est un haut lieu de rassemblement annuel pour la culture gnawa. Ce courant traditionnel influença brusquement nombre de musiciens contemporains et provoqua un courant inspiré par ces créations hors normes, envoûtantes, hypnotisantes. Un lâcher de combinaisons musicales incomparables…

Balancer une telle définition n'aurait aucun intérêt si elle n'expliquait, en grande partie, ce qui allait advenir à Noir Désir, une sorte de métamorphose extraordinaire. Pour les membres du groupe, ces retrouvailles en dehors du champ connu allaient littéralement briser les logiques qui avaient poussé « Noir Dez » à pondre des albums souvent bons, mais systématiquement inscrits dans leur époque.

La longue pause permettait toutes les tentatives, les essais, les explorations, les exils. Bertrand Cantat ne laissait plus aucune chance aux atermoiements égocentriques, en tout cas aux complaintes inutiles :

« C'est avec le recul que je me suis rendu compte de certains masques. Je n'ai pas envie d'être pris à mes propres pièges. On est là depuis tellement longtemps qu'on a forcément le recul sur les étiquettes qu'on nous a posées. On se rend compte que depuis le début, elles ne sont pas les mêmes ; et heureusement. Notre vérité, sur vingt ans, ne peut pas être la même chaque seconde. Les vraies lignes de fond sont là, c'est tout ce qui doit tenir. Le reste doit bouger, suivre ce qu'on devient. Sinon, on entre en représentation permanente. » (*Les Inrockuptibles* – Août 2001)

Les expériences solos allaient se traduire par des collaborations systématiques de Noir Désir, avec des artistes puissants. Alors que les choix de premières parties, les références, les collaborations avaient toujours parues plus sincères que bénéfiques, les quatre Bordelais allaient, tout d'un coup, d'un seul coup, toucher la crème, et amorcer des rencontres fondamentales, réussies… La conjonction de l'expérience, du talent unique, de la mise aux oubliettes des pensées « gnangnan » façon « on est là pour le bien » et des compositions obstinément « je fais ce que je veux mais je suis un rocker et un vrai », le groupe allait déchiqueter ses chaînes, un temps, pour servir la création de la façon la plus honorable et talentueuse.

Le séjour au Maroc allait contribuer à l'extension des compétences de chacun. Loin de se cantonner au pré-carré rock'n'roll, ils commencèrent (encore qu'ils avaient déjà exploré à l'infini depuis le début de leur carrière) à reluquer sur d'autres modes de composition. Bertrand Cantat, le premier, commença à pratiquer le Moriyn khuur, le didgeridoo, ou encore la trombinette. Sergio, déjà immergé dans un univers d'aventurier-créateur depuis des lustres (Il ne fallait jamais le dissocier de Cantat malgré tout), se mit à fricoter avec la guitare baryton et le sampler… Jean-Paul Roy encore, qui se mit à jouer du gumbri (cet instrument à cordes a priori rudimentaire, est une véritable arme tranchante, un outil de construction de morceaux blues, hors-blues), du synthé basse ou encore de l'orgue. Mais enfin, et surtout, Denis Barthe, accaparé à l'extrême, par les déclinaisons infinies liées aux rythmes : orgue, tambourin, crotales, sampler, percussion électronique, xylophone et tambour marocain…

Les rapports entre les membres du groupe évoluaient systématiquement, pour le meilleur et sans qu'ils ne virent. Noir Désir ne souffrait pas d'une multitude d'égos vieillissants se fritant pour le contrôle du portefeuille, de l'image et de l'ensemble de l'œuvre. Le fait qu'ils aient fait le choix d'un partage équitable des droits d'auteur, avait lissé certains conflits d'intérêt, et affermi une certaine vision de l'amitié, certes, mais aussi des rapports humains en général… Ils avaient pu, les uns et les autres, créer des liens sincères malgré un succès extraordinaire. Une forme de fonctionnement libertaire réel et sincère, mais limité à un groupe restreint de personnes, avec des moyens financiers relativement exorbitants.

C'est aussi à partir de 2000 que Noir Désir se lance dans des collaborations fructueuses.

Alain Bashung, artiste à la carrière atypique et à l'œuvre personnelle, unique, fit appel aux Noir Désir pour l'enregistrement d'un titre « Volontaire » sur son nouvel album *Climax*. Ce disque était en fait un best of d'anciens titres. Il contenait des versions inédites en collaboration avec des artistes de la scène française, tels Rodolphe Burger, Rachid Taha ou encore Mathieu Chedid, le « pas encore » très médiatique M. Deux reprises également étoffaient le contenu : une du chanteur Christophe, « Les mots bleus », et une de Jacques Brel, « Le tango funèbre ». Bashung jouissait d'un parcours remarquable.

Fils d'une mère d'origine bretonne et ouvrière dans une usine de caoutchouc de Boulogne-Billancourt et d'un père algérien kabyle, qu'il n'a jamais connu. Sa mère s'était remariée à un boulanger.

Après une enfance passée en Alsace, il retourna à Paris en 1959, où il découvrit le rock américain avec des artistes tels qu'Elvis Presley, Gene Vincent ou Buddy Holly. C'est alors qu'il créa les Dunces, son premier groupe à consonance folk. Puis il forma un second groupe avec des musiciens de Royan avec qui il joua dans des hôtels, des restaurant et des… bases militaires américaines. Il sortit de nombreux 45 tours qu'il peinait à écouler. À 19 ans, il produisit une quinzaine de singles sous les pseudos David Bergen et Hendrick Darmen. S'ensuivirent diverses expériences (compositions pour

Dick Rivers, participation à la comédie musicale *La Révolution française*, etc.)

Après l'échec d'un premier album *Romans photos*, en 1977, il rencontra enfin le succès, en 1980, avec le titre « Gaby, oh Gaby », tiré de l'album *Roulette russe*. Le suivant, *Pizza*, produisit un nouveau tube, en 1981, « Vertige de l'amour ».

Après des années de collaboration avec le parolier Boris Bergman, il se tourna vers Jean Fauque qui lui offrit le succès, avec l'album *Osez Joséphine*, en 1992. Sa carrière est à ranger dans la case « Artiste à part ».

Noir Désir travailla donc sur le titre « Volontaire » qui, originellement, avait été écrit avec Serge Gainsbourg, pour l'album *Play blessures*. Bashung et Cantat y chantaient ensemble. S'ajoutait également une participation à la basse de Jean-Paul Roy sur le titre « À Ostende ».

Mais les collaborations du groupe bordelais allaient tout azimut. Il participe à « Gratte-Poil », le nouvel album des Têtes Raides, une formation, une fois de plus, qui s'activait en marge de certains standards.

Le groupe a été créé en 1984 sous le nom de Red Ted, puis les Têtes Raides en 1987. Totalement marqués par le punk, le groupe connait une évolution avec l'arrivée d'Anne-Gaëlle, violoncelliste de formation classique, sur le troisième album, *Les oiseaux*, qui marque un tournant dans l'univers musical du groupe. Entre le rock alternatif, la chanson réaliste et le bal musette, les « nouvelles » Têtes raides allaient désormais s'inscrire dans le courant porteur des « authentiques » groupes qui se mirent à foisonner dans le sillage d'une scène néo-franchouillarde. Ce courant devint, dès la fin des années quatre-vingts dix, celui qui attirait une jeunesse aux aspirations plus ou moins humanistes, sur le modèle des précédentes vagues de jeunes militants… avec la part radicale voire révolutionnaire en moins.

Ce groupe de scène par excellence se lancera, dès le 21 avril 2002, dans divers mouvements politiques, associatifs et sociaux : Avis de K.-O. social. « (se battre) pour nos vies, et pour tout ce qui peut les rendre belles et joyeuses : la liberté d'aller et de nous installer où nous voulons ; le droit à un revenu décent, qu'il soit ou non lié à un emploi ; un logement où vivre ; l'accès à un système de santé de qualité pour tous et toutes ; l'égalité effective entre les hommes et les femmes ; un usage intelligent de toutes les ressources de notre planète ; la visibilité et les droits de tous ceux et celles que, parmi nous, on appelle "minorités" ; la libre circulation du savoir, des progrès techniques ou scientifiques ; l'art ; des systèmes sociaux, politiques, éducatifs et économiques au service des besoins et des désirs de tous et toutes, etc. »

L'état d'esprit politique de ce groupe était très similaire à celui, de plus en plus prégnant, des Noir Désir. Rien d'étonnant à ce que des rapprochements s'effectuèrent au fil des rencontres artistiques.

Après une participation de Cantat sur l'album *Irvi* de Denez Prigent, Noir Désir s'insinua dans l'album *Les églantines*, de Brigitte Fontaine, en qui l'on ne voit souvent qu'une excentrique fascinante. Le groupe intervint en réarrangeant le morceau « Baby Boum Boum ». C'était sur ce même opus que les Sonic Youth jouèrent, sur les morceaux « Demie clocharde » et le fameux « Kékéland ».

Raconter Brigitte Fontaine, c'est se pencher sur un phénomène humain et artistique exceptionnel.

Née en 1939, fille d'instituteurs, Brigitte Fontaine décrocha son bac avec un 19/20 en philo. Elle monta à Paris à 17 ans, pour devenir comédienne. Elle joua au Théâtre de la Huchette dans *La Cantatrice chauve* d'Eugène Ionesco.

Dès 1963, que ce soit seule ou avec d'autres artistes (première partie de Barbara ou encore de Brassens, entre autres, crée la pièce *Maman, j'ai peur* avec Higelin et Rufus), elle alterna sa carrière de comédienne avec celle de chanteuse et de romancière. Avec son complice, Areski Belkacem, elle travaillera que sur de très nombreux projets. Considérée comme le fer de lance du véritable underground français, elle n'a eu de cesse que d'expérimenter, s'essayer à des genres généralement inexplorés ou ignorés en France. Qu'il s'agisse de la world music ou des textures sonores tortueuses à la Björk, elle a laissé entrer dans son champs de réflexion et de création, des influences franchement alternatives.

De cette collaboration découlera la conception de l'immense, infini, le fictionnel, le revendicatif morceau : « l'Europe. » En toute fin de nouvel album des Noir

Désir. Avec une durée initiale de trois heures trente environ, ce titre-fleuve, une histoire musicale complexe, assénant à l'Europe du tout libéral, des dérégulations, des coups de massue poétiques sublimes, fut ramené à quelques vingt-trois minutes et quarante quatre secondes d'entrelacements... Une Brigitte Fontaine au meilleur de sa forme. La poétesse, la chanteuse, la penseuse, la destroy, plaqua sa voix/ses/textes sans hésiter, en une seule prise, sur la musique déjà enregistrée.

Une belle bête ce morceau qui faisait figure d'axe de convergence, d'infrastructure solide à un album hors du commun. « L'Europe » offrait des combinaisons libres largement initiées le saxophoniste Akosh Szelevényi, mais aussi et surtout Sergio Teyssot-Gay, libéré par ses expériences en solo. Sans aucun complexe, il était parvenu à allier son goût pour l'expérimentation, son besoin de croiser sa passion pour l'écriture et son inaltérable inventivité. Il avait collé ses sonorités, accompagné de Marc Sens, sur une lecture de « Paysage avec palmiers », de Bernard Wallet, mais aussi sur le texte de l'écrivain Lydie Salvayre, « Conte ».

Le texte de Brigitte Fontaine, encastré/lié/sanglé dans/avec celui de Bertrand Cantat était assommant de pertinence, de poésie. On était si loin de certaines tournures idiotes ou faciles. Une écriture était là, travaillée, fluide.

Extraits : « Les sangliers sont lâchés »

Je répète :
Les sangliers sont lâchés.
Les petits patrons font les grandes rivières de diamant.
Deux fois.
Les roses de l'Europe sont le festin de Satan.

Je répète :
Les roses de l'Europe sont le festin de Satan.
Nous travaillons actuellement pour l'Europe.
Nous travaillons actuellement pour l'Europe.
Nous travaillons actuellement pour l'Europe.
Nous travaillons actuellement pour l'Europe.
Voire pour le monde.

Mais encore :

« On est passé de tes arcanes passées, passé de tes
arcanes passées,
on est passé de tes arcanes passées, aux charmes technocrates…
Alors l'Europe alors l'Europe alors l'Europe.
Bruxelles, Schengen, Strasbourg, Maastricht, PIB,
PIB, CEE, Euratom, OCDE et GATT.
Protégez-nous marché de cet AMI commun d'un monde si petit.
Euromonnaie unique, Nasdaq et CAC 40, orgiaque, idyllique, faites de la poésie,
soutenez la culture, produisez du spectacle et de l'entertainment comme on dit chez nos frères d'outre-Atlantique et toc anciens Européens,

nouveaux maîtres du monde pendant que le dragon asiatique rêve,
fait ses étirements,
il est beau et puissant, crache du feu gentiment.
Pendant qu'Ernest Antoine Seillière fait son apparition et nous déclare sa flamme, il nous aime et nous dit :
« Nous ne sommes pas comme les politiques soumis à la pression de la rue ».
Et on entend au loin résonner les clameurs de la foule,
les beaux mouvements d'ensemble, les défilés glorieux et puis la lutte des classes.

Akosh Szelevényi revint sur la conception du morceau « L'Europe », lors d'une interview pour 6e sens, en septembre 2001 :

« Sur la dernière tournée à laquelle j'ai participé avec eux (tournée *666.667 Club*) on avait déjà des idées. On avait ce petit riff comme base et on a beaucoup brodé dessus. Avec de l'imagination et du travail, le morceau s'est ensuite construit, chacun amenant sa petite couche, puis on a enregistré plusieurs versions. Ça, c'était la première phase. Il y a ensuite eu l'écriture du texte. Bertrand et Brigitte ont fait leur truc et l'ont posé. J'ai ensuite bossé sur la mise en forme de l'ensemble. On a vraiment beaucoup travaillé pour obtenir ce résultat et c'est finalement une petite victoire humaine de faire ça. »

Cette fois, hors du commun. Noir Désir débutait le millénaire avec ce que l'on peut appeler, un chef d'œuvre… en toute subjectivité assumée.

Pour le journal Sud-Ouest, en décembre 2002, Bertrand Cantat dit :

« L'instrumentation a évolué. On ose enfin affirmer complètement la fragilité de certaines choses. De la même façon qu'on va au bout de la spirale ascendante quand ça doit cogner. Tous les contrastes sont plus creusés (...) Noir Désir est devenu un laboratoire permanent où l'on peut tout oser. »

Le groupe se lança donc dans un projet neuf. Ils décidèrent de travailler de façon nomade. L'enregistrement de l'album se fit en plusieurs temps, dans différents lieux (aux quatre coins de la France, au studio Recall, à Nîmes, et au Manoir, à Léon, dans les landes).

L'enregistrement débuta au début de l'année 2001, avec Jean Lamoot, le producteur de Bashung, Thiéfaine ou Daho. C'est avec lui qu'allait être enregistrés et mixés les morceaux « Le vent nous portera », « Des armes », « L'appartement », « Des visages, des figures », « Son style 1 », « Son style 2 ».

Manu Chao, qui était en plein enregistrement de son second album *Proxima estacion : esperanza*, rejoignit Noir Désir en studio, alors que le groupe travaillait sur le morceau « Le vent nous portera ». L'ancien chanteur des Mano Negra joua de la guitare, apportant sa « patte » et sa touche.

« Des armes » était un texte inédit de Léo Ferré. En fait, le point de départ de ce projet venait d'une proposition d'une revue de poésie, *21.3*, dirigée par Christophe Stynczynski. C'était par cet intermédiaire que Noir

Désir accéda à quatre textes de Léo Ferré, remis par Matthieu Ferré. « Des Armes » avait été publié dans une revue anarchiste. Sa mise en musique par les Noir Désir allait permettre de faire connaître un texte sublime.

« C'est un immense poète, et on va s'en rendre compte un jour. Je ne sais pas si les Français le réalisent vraiment : du point de vue de la poésie dans le siècle, il est important. Il se situe carrément à une autre échelle, et on finira par s'apercevoir de son importance (...) Ses orchestrations ne correspondent pas à ma musique, mais, à un moment donné, quand il touche à Verlaine, à Rimbaud, à Apollinaire ou à Baudelaire, il réussit son coup alors que bien d'autres ont essayé en vain de les adapter. Lui, il sonne forcément juste : il n'y a pas de différence entre sa qualité de poète et la leur. »

Puis, répondant à une question mettant Ferré et Gainsbourg en contraste au regard des préférences du milieu rock, Cantat précisa qu'ils avaient eu l'intention de reprendre du Ferré pour le second album *Du ciment sous les plaines*, et dit :

« Il existe peut-être une notion de facilité et d'opportunité chez les groupes de rock. Gainsbourg, il est normal de le reprendre, et en plus il fait vendre. Gainsbourg a un univers proche, il passe à la radio, il est plus accessible. Je ne dis pas qu'il est moins bien, je ne suis pas en train de faire des échelles, mais il est plus accessible que Ferré, sa démarche reste plus évidente. Pourtant Ferré n'a pas fait n'importe quoi à la fin de sa vie, contrairement à Gainsbourg. »

À propos de la mort de Gainsbourg et de Ferré :

« Sérieusement, (la mort de Gainsbourg) m'a touché mais j'en étais sûr. Si tu veux, elle a touché tout le monde, comme c'est curieux, tout le monde. Ferré non, et ce n'est pas par hasard. Sa mort ne touche que ceux qui se sentent proches d'une démarche de ce genre parce que, lui, il était net, il était clair, il n'était pas… Ferré n'allait pas enregistrer "La Marseillaise", insulter les paras et puis après, devenir le parrain du fils du colonel ! »

Revenant sur Léo Ferré :

« Le fait que "Avec le Temps" ait été, à son époque, une sorte de tube, est inimaginable maintenant : ce morceau est insupportable, il est trop, il va trop loin, il est trop humain, on n'est plus à l'ère de l'humanité telle qu'elle était conçue auparavant. Voilà pourquoi les groupes de rock ne se revendiquent sûrement pas de lui : le groupe de rock est censé être moderne (…) Je me rappelle d'un copain de ma petite sœur qui m'avait fait découvrir le rap. Comme son père, un vieil anar espagnol, il avait toujours écouté de la musique black… et Ferré. Ils avaient échappé au rock, ils étaient très engagés politiquement et Ferré faisait partie de leurs univers : là, bizarrement, dans cette filiation, il existait. Cette dimension et ce souci des textes manquent au rock : des fois, il est un peu trop facile, le rap a pas mal à lui apprendre par rapport au texte en ce moment. » (Ensemble des extraits sur Ferré tiré de Noir(s) Désir(s) de H.M. Propos recueillis en juillet 1993).

Au printemps 2001, c'est à New York que Noir Désir poursuivit l'enregistrement de l'album, avec le producteur Nick Sansano. Ce dernier (né en 1963 dans le Bronx, à New York) a coproduit et enregistré les albums *Daydream* et *Goo* de Sonic Youth. Il a également conçu et mixé des titres de Public Enemy sur les albums de *Nation of Millions to Hold Us Back*, *Fear of a Black Planet* et *Muse Sick-n-Hour Mess Age*.

Il participa à d'autres créations hip-hop : Ice Cube, Rob Base et DJ EZ Rock. Il travailla également avec Le Tigre et The Grassy Knoll et produisit les albums pour plusieurs artistes français, Zebda et IAM.

Les titres travaillés à New York étaient les suivants : « L'enfant roi », « Le grand incendie », « À l'envers », « À l'endroit », « Lost », « Bouquet de nerfs ». Le mixage s'acheva en juillet après une période de travail intensif.

Le fait d'avoir collaboré avec deux producteurs, mais aussi d'autres artistes permit de fomenter un album *Des Visages des Figures*, exceptionnellement diversifié. Le single, « Le vent nous portera », diffusé par les radios dès le 15 juillet 2001 (Oui FM et RTL 2), provoqua une onde de choc. Il fut mis en vente le 28 août, avec un inédit : « Moriyn moriyn », morceau uniquement instrumental de plus de sept minutes, très calme, aux tonalités orientales.

Fort de ce tube digne d'« Aux sombres héros de l'amer », Noir Désir entama une tournée estivale intense : le 14 juillet à Thonon, le 15 juillet au Théâtre antique de Vienne, le 19 juillet, aux Arènes de Nîmes (Avec Muse et PJ Harvey en première partie), le 21 juillet au festival des Vieilles Charrues, le 27 juillet à Lyon, en août en Hongrie, au cours du Festival sziget, le 28 septembre 2001 à Toulouse. Noir Désir y joua ses plus grands titres (« Tostaky », « Les Écorchés », etc.) mais aussi deux morceaux du nouvel album : « Son style 1 » et « Le vent nous portera ».

Ils reprennent en septembre 2001, Le roi de Georges Brassens sur l'album-hommage *Les Oiseaux de passage*, à l'occasion du vingtième anniversaire de la mort du chanteur.

C'est le 11 septembre 2001, que *Des Visages des Figures*, en partie enregistré à New York, fut commercialisé. Beaucoup verront dans le titre « Le grand incendie », un message prémonitoire écrit par Bertrand Cantat, quelques mois plus tôt. Il expliqua surtout que les paroles lui avaient été inspirées par ses balades dans la grosse pomme, effectivement aux abords du World Trade Center. Mais il se garda bien de faire le moindre rapprochement avec le 11 septembre. Le leader du groupe n'avait jamais cédé à l'enthousiasme irrationnel de quelques admirateurs fous.

Ça y est, le grand incendie
Y'a l'feu partout, emergency

Babylone, Paris s'écroulent
New York City, Iroquois qui déboulent
Maintenant… Allez
London, Delhi, Dallas dans l'show
Hommage à l'art pompier
T'entends les sirènes, elles…
Sortent la grande échelle
Vas-y… Go !
Hommage à l'art tectonique
Un techno-picnic sur la terre éventrée
Mais la faille est creusée, atomisée
Claudia Schiffer dit qu'elle a même pas peur
Et tout le monde applaudit à la télé
Ressaisis-toi, ressaisis-toi
Faut courir maintenant, elle, elle est dans un bunker
Y'a plus de programme, y'a même plus d'heure
À vous l'antenne
C'est l'incendie, le grand incendie
C'est l'incendie, le grand incendie
C'est l'incendie, le grand incendie.

Les superstitieux, les personnes en mal de messie et autres miracles, les fans transis de Noir Désir y virent un talent quasiment divin chez le chanteur. Il faut bien sûr se garder de ce type de fanatisme, d'aveuglement, d'irrationnelles explications. À croire qu'à chaque fois que l'être humain confronté à une catastrophe majeure ne peut s'empêcher de se raconter des balivernes, des imbécilités, de pénibles racontars mystiques à trois sous.

En quelques mois, l'album connut une consécration rare. Un million d'exemplaires furent vendus (disque de platine) et la presse l'encensa unanimement. Le groupe s'attela rapidement à l'organisation de la tournée consécutive à ce succès commercial.

Le groupe apprit qu'il était nommé pour cinq catégories aux 17e Victoires de la musique : « meilleur groupe », « meilleur album rock », « meilleur clip », « meilleure chanson », « meilleur concert ». Déjà célébré en 1996 comme « meilleur groupe » et « meilleure chanson » en 1996, Noir Désir avait décliné l'invitation. En 2001, ils décidèrent de participer à la grande mascarade des « Victoires », jouèrent deux morceaux en live, « À l'envers, à l'endroit », « Les Écorchés », puis Cantat déplia une feuille de papier sur laquelle il avait rédigé un discours cinglant à l'encontre de Jean-Marie Messier, le patron d'Universal, et par conséquent, leur patron :

« Bon, y faut bien qu'on réponde à une personne qui est omniprésente.

C'est une lettre adressée à notre cher PDG à tous ou presque : Jean-Marie Messier.

Je lis…

Camarade PDG, tu permets que je t'appelle camarade, je suis obligé de te tutoyer par la même occasion, c'est d'usage. Et pis, c'est mieux que "ô grand Jean-Marie Messier, commandeur des communicants" et pis des autres aussi par la grâce de la Sainte Trinité. Ramification, absorption, profit… Profit c'est là (il montra sa poche).

Je précise qu'il n'est pas le seul à être comme ça je m'adresse donc aux autres aussi, je salue donc le camarade le plus omniprésent. Et pis quand même bon, faut dire que toi camarade, tu n'es pas vraiment mauvais. Finalement, tes intentions sont pures, le bonheur pour tous, dans le meilleur des mondes.

Toi tu respectes les artistes, surtout les rebelles. Pas ceux préfabriqués par l'industrie et pour l'industrie, tu es donc fantastique. Mais il te reste tout à prouver, que tu défends la culture au pluriel et pas seulement le profit, tiens donc un mot qu'il ne prononce jamais mais nous oui !, n'a pas d'odeur.

Que les p'tits labels et les p'tits disquaires pourront survivre à une telle hégémonie, je parle du raz d'marée univers-sale…

Jean-Luc Delarue : Qui est votre maison de disque indirectement

Bertrand Cantat : J'y viens Jean-Luc, j'y viens !

Que tu ne sépares pas le monde entre bergers actionnaires et moutons payeurs, sachant que les bergers ont parfois des têtes de moutons et vice versa. Il te reste aussi à prouver que tu n'es pas le roi du décrassage de personnel et qu'une de tes missions principales est de rééquilibrer les échanges culturels et commerciaux entre l'Europe et les États-Unis.

Tu as dit, Jean-Marie, tu permets camarade que j't'appelle par ton prénom, sur France Inter début janvier qu'un disque sur quatre partait à l'exportation, selon toi, c'est le cas de Noir Désir et de Zebda.

Merveilleux mais complètement faux, menteur camarade patriote, chiffres à l'appui. J'en passe et des meilleures sur l'utilisation que tu fais de notre nom, et c'est pour ça qu'on se permet de répondre, parce que… c'est notre droit.

Pour finir, sache que si tes pilules sont trop amères, tu trouveras d'autres que nous pour les faire passer. Et nous n'avons pas demandé de faire partie de ce grand "tout" que tu diriges, que tu manipules, critiques, médias… y compris cette lettre que tu vas sûrement tenter d'récupérer.

Allez, salut à toi camarade PDG de la nouvelle internationale d'Universal. Nous ne sommes pas dupes de ton manège. Et si nous sommes tous embarqués sur la même planète, on n'est décidément pas du même monde ! »

Il s'agissait là d'un pur effet, une déclaration symbolique entendue et applaudie par les fans, mais aussi par une certaine partie de la presse. Une fois de plus, Noir Désir montrait qu'on ne marchait pas impunément sur ses plates-bandes (commerciales ?). Au lieu de se jeter à corps perdu dans des luttes fondamentales, au lieu de lâcher un discours guerrier sur les problèmes sociaux, politiques, pour lesquels ils s'investissaient régulièrement, le règlement de comptes public ne ressemblait qu'à une mascarade. Grâce à la machine Universal, et protégé par un succès hors-normes, Noir Désir pouvait bien rouler des mécaniques, et provoquer une esclandre, à moindre coût, pour ré-asseoir une intégrité à toute épreuve. Ce moment repris comme une action courageuse ne valait pas plus qu'un coup de poing dans le vide… Mais l'époque se prêtait bien à l'esbroufe. Noir Désir asseyait une image de rebelles… C'était une nécessité pour un groupe de rock…

La tournée qui commença en mars 2002, au Québec, emmena les Noir Désir (avec Christophe Perruchi aux claviers et samples) aux Pays-Bas, en Norvège, en Pologne, Syrie, Liban, Yemen, Turquie, pour finir par un grand tour de France jusqu'en décembre 2002. Fidèles à leur désir de soutenir des formations musicales novatrices de premier plan. C'est ainsi, par exemple que le 16 juillet 2002, aux Francofolies de La Rochelle, le groupe invita Programme en première partie. Ce projet initié et conduit par Arnaud Michniak, ex-membre du mythique Diabologum, était une expérience artistique tendue dans laquelle les textes ne souffraient pas de concessions. Le radicalisme de certains morceaux sombrait généralement dans le sublime.

La fin de la tournée, en décembre 2002, ne sonna pas le glas des activités du groupe :

« Le texte, *Nous n'avons fait que fuir*, sortira en début d'année, sous la forme d'un livre publié par France Culture et les éditions Verticales, comprenant le disque du concert. Et Canal + diffusera début 2003, un concert un peu spécial que nous produisons ce mois-ci dans un théâtre à Évry. Un truc intime, sans scène, avec cinq cent spectateurs maximum. Nous jouerons avec un quatuor à cordes. Nous devrions faire la musique du premier film de Paul Bloas (NDLR : artiste peintre, auteur de différentes pochettes de disques pour Noir Désir et Serge Teyssot-Gay). Notre pote Albert Dupontel nous a aussi demandé des musiques pour son prochain film… On n'a pas mal de choses sur le gaz. Une tournée aura peut-être lieu en Asie, Australie et Nouvelle-Zélande. On verra. » (Denis Barthe pour le journal *Sud-Ouest* – Décembre 2002).

Lors de cette interview, pas une trace d'un bouleversement, d'un changement radical. Pas un mot sur une situation qui avait modifié le fonctionnement du groupe. Depuis quelques mois, le leader de Noir Désir vivait une histoire d'amour brûlante, prenante qui allait provoquer un séisme. L'année 2003 commençait sous les hospices d'une vie hors-du-groupe pour Bertrand Cantat….

VI

Je sais pourquoi là-bas le volcan s'est rouvert… C'est qu'hier, tu l'avais touché d'un pied agile, – Et de cendres soudain l'horizon s'est couvert.

Les Chimères, Myrtho –
Gérard de Nerval

Il était un peu plus de 14 h, en cette fin de mois de juillet 2003, lorsque le brigadier Fedonov et le caporal Kortiklov, accompagnés de l'employée administrative du Domina Plaza, frappèrent à la porte. Mais personne ne répondit. Ils demandèrent donc à l'employée d'ouvrir la porte de la suite numéro 35. Là, couché sur la moquette, le corps d'un homme en maillot de corps et en slip. Inanimé. Inerte. Le brigadier appela une ambulance pour transporter l'inconnu à l'hôpital de Vilnius. L'inconnu était un suspect au nom de Cantat. Un Français comme on en voyait traîner pas mal dans la capitale lithuanienne ces dernières semaines.

D'emblée, ce qui allait être vécu comme une saga tragique, un drame contemporain par des millions de Français abreuvés aux héros paillettes, héros de scène, héros postillonnant dans des micros, substituts aux figures prétentieuses qu'étaient les généraux, avant le… rock'n'roll, n'était en réalité qu'une portion d'existences bousillées… C'était pourtant cette histoire qui allait accaparer l'attention du peuple de France, en plein massacre de vieillards par une canicule autrement plus meurtrière…

Pendant que le leader de Noir Désir était porté à l'hôpital universitaire des premiers secours, les policiers étaient restés au Domina Plaza, scrutant, enquêtant, relevant, examinant le lieu où, quelques heures plus tôt, s'était déroulée une dispute aux conséquences fatales. La suite était de facture austère, à la décoration succincte. Les policiers ne connaissaient pas les hôtes de cet hôtel. Ils n'étaient là que parce qu'un appel avait été lancé par message radio, indiquant qu'un certain Bertrand Cantat était recherché pour un « crime ». À ce moment, ce français n'était que ce grand type costaud gisant lamentablement sur le sol.

Ils relevèrent des « traces de sang sur le matelas de la grande chambre à coucher, sur le mur situé près de l'entrée de la salle de bains, ainsi que sur les montants de la porte de la chambre à coucher (…) » (PV de 1re constatation, police de Vilnius, 27 juillet 2003).

La nuit tragique qui avait conduit Marie Trintignant dans un coma profond et Bertrand Cantat à attenter à sa vie, était la conséquence d'une histoire d'amour entre deux êtres gâtés par la vie… Quelques mois plus tôt, leur rencontre s'était faite dans la discrétion.

En fait, les Français avaient été surpris de découvrir que le beau, le charismatique, l'intègre Bertrand Cantat vivait une histoire avec cette actrice à la carrière remarquable, peu connue du grand public sauf pour son statut familial : être la fille du grand Jean-Louis Trintignant.

Le coma de l'actrice fut annoncé par la presse. Manifestement, la personne avec qui elle partageait des sentiments l'avait battue très violemment. La nouvelle toucha, choqua. Cette vedette venait de subir un drame… Nous étions à l'orée d'un événement qui raconterait les lâchetés, les égocentrismes, les égoïsmes, les prétentions, les façons donneurs de leçons, les indécences de vivants « artistes » jouant sans cesse la comédie, parodiant la vie, théâtralisant le pathétique au nom de leur seule image… Chacun allait s'amuser sérieusement avec les médias, combats de communication, de sensibleries… L'indécence et la stupidité…

Les deux artistes s'étaient rencontrés à Vaison-la-Romaine le 3 juillet 2002 lors d'un concert de Noir Désir. En fait, c'était par l'entremise de la petite sœur de Bertrand Cantat, Anne (Qui faisait partie de l'équipe de tournage du film *Total Khéops*) que les artistes se découvrirent dans la loge du chanteur. Quelque temps avant, l'actrice avait découvert le groupe star et avait été touchée par le dernier album, *Des Visages des Figures*, et particulièrement par les paroles de Bertrand Cantat.

Née en 1962, Marie Trintigrant commença sa carrière d'actrice en 1966 avec *Mon amour, mon amour* de Nadine Trintignant, en rôle prédominant, évidemment, Jean-Louis Trintignant, son père. Elle fut l'une de ces enfants du cinéma, choisie par sa mère, pour tourner de nombreuses fois, depuis l'âge de quatre ans. On était encore loin de l'ère qui pourrit le cinéma français actuel, mais Nadine Trintignant, avec quelques autres réalisateurs, acteurs et autres comédiens, inaugurait l'époque de la surreprésentation des « fils de, fille de, neveu de,... ». Bref, des dynasties d'artistes.

En 1979, elle tournait dans *Série noire* d'Alain Corneau (Les dialogues étaient de l'écrivain Georges Perec) aux côtés de l'excellent Patrick Dewaere. Ce film, sombre, dense et pesant, deviendra un classique, une œuvre puissante ne laissant pas le spectateur indemne. Lorsqu'en 1982, l'acteur se suicida, Marie Trintignant le vécut comme un traumatisme profond.

En 1985, l'actrice fit la connaissance de Richard Kolinka, le batteur du groupe de rock le plus important en France, Téléphone. C'est avec lui qu'elle eut son premier enfant, Roman, né le 19 septembre 1986 à Clamart.

Elle joua dans un téléfilm à gros budget, en 1988 où elle incarnait le rôle de Monique Lerbier. *La Garçonne* était la troisième version cinématographique d'un roman publié en 1922 par Victor Margueritte : une jeune femme apprenant que son fiancé la trompe décida de mener à son tour une vie libre, avec des partenaires multiples.

La même année, l'actrice travailla avec Claude Chabrol, avec, tout d'abord, *Une affaire de femmes*, un film dans lequel elle incarnait une prostituée. Son amie n'était autre que le personnage incarné par Isabelle Huppert. Dans ce même film, tourné en 1988, elle jouait avec François Cluzet dont elle tomba éperdument amoureuse. Elle quitta Richard Kolinka pour s'installer dans le Sud de la France, à Uzès, avec son nouveau compagnon, ainsi qu'avec son fils Roman.

De cette nouvelle union, naquit Paul, en 1992.

Ces années sont aussi le début d'une carrière théâtrale. Elle écrira *Y'a pas que les chiens qui s'aiment*, pièce dans laquelle Marie Trintignant donnait la réplique à François Cluzet au théâtre national de Chaillot à Paris.

En 1991, elle joua dans *Betty*, de Claude Chabrol. Son personnage, une alcoolique en rupture avec sa famille bourgeoise, semait la discorde dans un couple qui la recueillait. C'est avec Chabrol que l'actrice s'étoffa. Le réalisateur, l'œil affûté, savait mettre en valeur les qualités de Marie Trintignant.

Dans les années 1990, elle apparut dans *Une nuit d'été en ville* de Michel Deville. Elle s'ouvrit à la comédie avec des films comme *Cible émouvante* de Pierre Salvadori, avec, comme partenaire, Guillaume Depardieu.

Elle jouait le rôle de Bianca, une chanteuse pop au purgatoire dans le film *Wings of fame* (*Les ailes de la renommée*) d'Otakar Votocek.

En 1992, elle joua dans *Belgicae* d'Anita Van Belle, mise en scène de Pierre Pradinas, au Festival d'Avignon.

Sa rupture avec François Cluzet fut douloureuse.

Elle rencontra Mathias Othnin-Girard, un technicien, en 1994, alors qu'elle traversait une période difficile, entre déprime et excès de médicaments et de stupéfiants. C'est avec cet homme qu'elle tomba de nouveau enceinte. Alors qu'elle portait cet enfant, elle fit la rencontre d'un jeune homme de vingt et un ans, Samuel Benchetrit. Une nouvelle idylle. Léon, son troisième garçon, vit le jour en 1995. Mathias Othnin-Girard et Samuel Benchetrit se disputèrent la paternité du nouveau-né. Une lutte judiciaire entre deux hommes revendiquant l'enfant de celle qu'ils aimaient.

Sans nul doute, Marie Trintignant, bien qu'étant une mère aimante, « classique », inspirait une fascination rare chez les hommes qu'elle aimait. Elle semblait donner à l'infini, à condition que l'être installé dans son cœur soit complètement fou d'elle... Lorsque ses sentiments s'éteignaient, la comédienne tournait le dos à l'homme aimé, et s'en allait en laissant quelques écorchures et autres égratignures.

Ce jeune homme qu'elle aimait, était en retour, totalement envoûté par cette femme. Ils choisirent de se marier au début de l'année 1997. Afin d'immortaliser son amour pour Samuel Benchetrit, elle décida de se faire tatouer un S sur l'épaule. À 35 ans, Marie Trintignant était une femme aux mille contradictions. Tant immature et fragile que dominatrice et sévère. Rieuse, amusée mais aussi sombre et mystérieuse. Le bonheur avec son mari se concrétisa avec la naissance de Jules, son quatrième fiston, peu de temps après la fin du tournage de *Comme elle respire*. Ce film racontait l'histoire d'une mythomane, une femme éprouvant le besoin de s'inventer des destins extraordinaires. Elle y jouait encore une fois, avec un fils de star, lui aussi, Guillaume Depardieu.

Pour la cinquième fois, elle fut nommée aux Césars, pour le prix de meilleure actrice qu'elle n'obtint pas. « La profession » lui reconnaissait de réelles qualités et la presse ainsi qu'un public de plus en plus large appréciaient ses choix et son jeu.

En 1999, elle époustoufla dans *Poèmes à Lou* de Guillaume Apollinaire, mise en scène de Samuel Benchetrit, en duo avec son père, Jean-Louis Trintignant au théâtre de l'Atelier à Paris. Cette pièce connut un succès retentissant.

Sous la direction de sa mère Nadine Trintignant, en 2000, elle joua le rôle d'une militante du droit à l'avortement dans *Victoire ou la douleur des femmes*. Elle avait d'ailleurs coécrit cette fiction avec sa mère, trois décennies de luttes féministes en France.

Toujours en 2000, elle était membre du jury au Festival du cinéma américain de Deauville.

Sa carrière de comédienne était caractérisée par une grande diversité de rôles qui la rendaient inclassable, difficilement cernable. Cependant, pour l'essentiel, cette femme se tournait plus volontiers vers des rôles à sa mesure, des personnages en marge, des femmes luttant contre les aliénations, pour leur liberté, des femmes passionnées, déjantées, paumées. Tout comme le chanteur de Noir Désir, sans doute se sentait-elle investie d'un message, s'accrochant à des causes politiques, des causes sociétales, sociales.

Elle se lança dans la chanson, en novembre 2001, en interprétant « Je suis dev'nue la bonne » en duo avec Thomas Fersen, lors de l'émission en public « Absolument Fabuleux » sur France Inter.

Puis elle enchaîna, dans la foulée sur *Comédie sur un quai de gare* de Samuel Benchetrit avec Jean-Louis Trintignant au théâtre Hébertot à Paris. Sa carrière battait son plein. Sa vie était subitement plus harmonieuse, moins bordélique. À cela s'ajoutait un soutien de la profession et des critiques cinéma très positif, en règle générale. Elle menait désormais une carrière personnelle tout en maintenant des liens puissants, fusionnels avec sa mère.

Dans le dédale des nombreuses propositions de rôle, elle choisit de jouer dans *Total Khéops*, une adaptation du polariste marseillais, Jean-Claude Izzo. Toujours très investie dans ses rôles, elle se lia avec une jeune femme de trente-deux ans, la première assistante de réalisation, Anne Cantat. Cette rencontre allait sceller son destin…

En 2003, toujours avec Thomas Fersen, elle enregistrait « Pièce Montée des Grands jours », chanson pour l'album du même nom.

Sa vie professionnelle et personnelle avait été marquée par la présence du rock et de ses travers. Des personnages déjantés qui la fascinaient, l'attiraient. Elle aimait la force brute, les esprits insoumis, les poètes réels à la pensée dure, la sensibilité hors-normes, les écritures à fleur de peau. Comme pour ressentir et donner du volume à une vie dorée, facile.

Toujours en 2003, elle interprétait dans le film *Janis et John* de Samuel Benchetrit, le rôle d'une femme qui se faisait passer pour Janis Joplin.

Quelques mois plus tôt, durant l'été 2002, Marie Trintignant s'était trouvée dans la loge de Bertrand Cantat, après ce concert à Vaison-la-Romaine. Un moment sans doute unique qu'il est impossible de décrire tant il semblait intime, discret, brûlant. Le chanteur de Noir Désir était papa de Milo, qu'il avait eu avec Kristina Rady, son épouse. Celle-ci attendait un nouvel enfant, une fille, qui allait naître en septembre. Il avait été toujours très discret sur sa vie intime et n'avait jamais crû bon s'étaler sur les sujets touchants à sa vie privée. Il avait rencontré Kristina Rady en 1993.

Pour une interview publiée le 25 mars 2004 dans le n°1645 du journal Le Point, elle décrivit la femme qu'elle était :

« J'essaie d'être une femme autonome. Bertrand m'a rencontrée au début des années 1990, en Hongrie.

À l'époque, j'étais un électron libre. Dans l'euphorie ambiante, je participais activement à la révolution post-soviétique. J'ai cofondé un journal politico-culturel d'abord clandestin, qui a contribué ensuite à l'explosion de la presse. Après l'insurrection de 1956, mon grand-père purgeait sa peine à perpétuité en compagnie de celui qui allait devenir le président de la Hongrie libre. J'ai participé à l'émergence d'une radio clandestine, qui deviendra ensuite le porte-parole des minorités ethniques et des femmes. J'ai été programmatrice du premier bar concert-café-théâtre de Budapest, de la première fête de la musique, et j'ai monté des émissions pour la télévision libre. Bertrand a vécu à Budapest avec moi. Là-bas, il n'était pas le leader de Noir Désir, mais l'amoureux de Kristina – et il en était ravi. Ce n'est pas Bertrand qui m'a demandé de quitter la Hongrie, au contraire. C'est moi qui ai décidé d'aller vivre en France pour lui rendre sa place : il avait besoin d'être à Bordeaux auprès de son groupe, de son cercle d'amis, pour créer. Les gens de Noir Désir sont extraordinaires, c'est une autre histoire très forte.

J'ai laissé beaucoup de choses derrière moi, mais je pensais que mon histoire d'amour était plus importante. Et puis, j'avais envie d'entretenir de l'extérieur la flamme dans mon pays. Aujourd'hui, j'écris, je suis également traductrice littéraire et conseillère artistique pour différents festivals, comme la Nova Polska, la saison culturelle polonaise en France. »

Quand la fille de Cantat naquit en septembre 2002, il était présent, à la maternité avec la maman… Mais le cœur était ailleurs… Lui et sa nouvelle compagne ne cessaient plus de s'envoyer des textos, phénomène nouveau dans les relations amoureuses. L'épistolaire remplacé par des messages courts, sans style mais donnant à celui qui le reçoit, l'impression du « juste-à-côté-de-moi ». Shootés à leur amour, ils s'éloignèrent, l'un et l'autre de leurs conjoints « habituels ». La femme de Cantat étant parfaitement au fait de cette relation, lui demanda de partir dès le mois d'octobre. Tourmenté mais affamé par l'absence de sa dulcinée, il partit pour Paris, en train où il s'installa avec Marie Trintignant. Samuel Benchetrit, très aimant, passionné fut férocement cassé par la séparation.

Il y a quelque chose de sordide à découvrir les petitesses humaines… Plus tard, on parla énormément de cette histoire, et pourtant, sincèrement, ils tentèrent de ne jamais en faire une affaire populaire.

Quand la femme du chanteur comprit que cette aventure se transformait en une relation sérieuse, durable, elle demanda à rencontrer Marie Trintignant, parce qu'elle souhaitait savoir à qui elle confierait ses enfants lors des visites paternelles… La rencontre se déroula dans la maison girondine en novembre. Difficile d'apprécier ce type de moment. Kristina Rady n'a jamais dit de mal de la nouvelle compagne de son homme.

Le couple d'amants vivait une relation très secrète, très loin de leurs succès publics, en marge de leurs milieux respectifs. C'est pourquoi Bertrand Cantat ne présenta Marie Trintignant aux autres membres du groupe, que lors du dernier concert de la tournée *Des Visages des Figures*, à Évry, en décembre 2002.

Au début de l'année 2003, Bertrand Cantat vivait avec Marie Trintignant à Belleville, à Paris. Il serait possible de s'étaler sans fin sur les relations qu'il entretenait avec le fils ainé, ses relations avec les proches de Marie Trintignant… Il semblait pourtant se sentir relativement intimidé, complexé peut-être.

Avec cette femme, en dehors du fait qu'il l'aimait, et s'enivrait passionnément de sa présence, il avait accepté de se déraciner, de se mélanger à des personnes qui gravitaient dans des milieux très codifiés. Avec elle, il y avait la confrontation à ces riches artistes ayant pignon sur rue qui n'avaient pas d'admiration particulière pour lui. Bertrand Cantat était admiré, presque adulé depuis des années. Il était le centre de toutes choses, le point de convergence. Après la tournée *Tostaky*, il avait acquis une forme de maturité quant à son statut de star nationale. C'était pour cette raison qu'il avait pu renforcer son militantisme, qu'il avait peu à peu perfectionné son écriture, ses interprétations.

Leur relation, intimement, était puissante, mais leurs deux existences, et les milieux qu'ils avaient toujours fréquentés étaient antinomiques. Marie Trintignant, pleine d'amour, réclamait de cet amant étonnant, une attention totale. Le chanteur de Noir Désir, le fier hurlant devant les foules, était au service de sa belle, jouant le rôle de l'amoureux transit. Quant à elle, sans vraiment y être attentive, gavée d'une existence parmi des célébrités et des sommités, ne semblait pas comprendre qu'elle était en compagnie d'un homme bien plus vénéré qu'elle. Publiquement. Le déséquilibre. Kolinka n'était « que » le batteur de Téléphone. François Cluzet n'était « qu'un » acteur humble sympathique, talentueux. Mathias Othnin-Girard n'était « qu'un » technicien du cinéma. Samuel Benchetrit n'était « qu'un » réalisateur, écrivain et metteur en scène en devenir.

Bertrand Cantat était une énorme star française, à ce moment-là… Quelqu'un d'adulé, certain de son pouvoir, de son aura. Un artiste qu'on ne critiquait plus nulle part, ou presque… Il n'avait jamais été prétentieux ou hautain. Souvent irrationnel ou immature, il avait aussi porté des messages intelligents, des écrits talentueux, et des créations intègres.

Les projets de Noir Désir furent mis en suspens sur demande du chanteur (Ils annulèrent une tournée en Asie). Il s'agissait pour lui de se consacrer à son histoire d'amour, profiter de ce qui était, à ses yeux, la rencontre de sa vie. Tiraillé entre son intégrité et son désir de vivre sa relation, il cadenassa son quotidien, purement et simplement.

Le projet sur lequel Marie Trintignant bossait, était *Colette*. Sa mère, très active, dynamique, se démena pour que le projet se concrétise. En mars, le lieu du tournage était décidé : l'île de Nida, à trois cents kilomètres de la Capitale, Vilnius de ce menu pays, La Lituanie, qui concentrait les qualités nécessaires pour réussir un tel tournage : décors très similaires à ceux de la Bretagne, mais aussi de la Bourgogne. Il s'agissait aussi d'un pays où l'on pouvait délocaliser la production de films français, puisque les personnels techniques possédaient les compétences nécessaires pour un prix bien moindre.

En mai 2003, Jean-Louis Trintigrant et sa fille reprirent, pour la seconde fois, *Poèmes à Lou*, de Guillaume Apollinaire. L'acteur dit lors de l'audition du 2 septembre 2003, à la brigade criminelle de Paris :

« Bertrand Cantat est venu à toutes les représentations et très souvent aux répétitions. Il était très cultivé et m'est apparu très vivable. J'ai même pensé à lui pour jouer mon rôle dans la pièce, mais il a refusé. »

Inséparables, les deux amoureux quadragénaires ne pouvaient s'imaginer l'un sans l'autre. Cantat avait décidément choisi de n'être plus rien d'autre que l'homme de son aimée. Et cette dernière de l'attirer sur le lieu du tournage d'un film qui lui tenait à cœur. Les deux êtres étaient de plus en plus rongés par leur relation. Tous les témoignages concordaient. Ils n'étaient plus les mêmes, de moins en moins les mêmes au fur et à mesure des mois passés ensemble.

Le film *Colette*, élaboré avec sa mère, était dans la lignée de tous ces rôles de femmes exceptionnelles, ayant lutté pour la libération d'une bonne moitié de l'Humanité occidentale, et même, bien au-delà. Cependant, dès leur arrivée dans ce pays lointain, au bord de la mer Baltique, les tensions s'amplifièrent. Toute concentrée à son projet, Marie Trintignant n'avait que peu de temps à consacrer à son homme. Quant à lui, enfermé dans une suite, inutile, assez peu enclin à s'ouvrir à ce milieu particulier qu'était le cénacle du cinéma français, il croupissait dans son coin, attendant qu'elle rentre de tournage.

Rien n'allait plus vraiment en fait. Quand il s'était agi de caler l'arrivée de leurs enfants respectifs pour le mois de juillet, ils s'engueulèrent violemment le 20 juin, selon le témoignage d'un voisin, devant la brigade criminelle de Paris, le 14 août 2003, Vladimir Yordanoff : « des cris, des claquements de portes, des renversements de tables et de chaises. »

Ils étaient tous deux bouffés par la jalousie. Incapables de grandir, et forcément humains, banalement humains, ils se laissèrent ronger par la présence sous-jacente de leurs conjoints respectifs. Le média pesant de ces relations passées, pourrissant leur amour présent, n'était autre que leurs enfants. Marie Trintignant avait toujours été une mère aimante, attentive pour ses quatre garçons. Bertrand Cantat aussi.

Ils n'étaient pas du même monde. Du tout. Bertrand Cantat, très isolé, rongé par le remords, sacrifiant clairement une vie de chanteur star, certes, mais libre enfin, pour une femme qui n'aurait jamais accepté une once de concession à une personne du sexe opposé.

Le 3 juillet, leurs enfants vinrent en Lituanie, pour tout le mois initialement. Moins de quinze jours plus tard, ils durent renvoyer leurs progénitures à la case départ : la France.

Cantat, souffrant d'un lumbago, ne pouvait s'occuper correctement des garçons de Marie Trintignant et de son propre fils. L'actrice, accaparée par le tournage, était très absente. En fait, leur relation intense, passionnée et passionnelle, ne semblait pouvoir s'accorder avec les réalités de leurs vies. Ils n'étaient en rien des êtres « normaux ». Célèbres, riches, bien-pensants, décalés, souvent défoncés, immatures, ils souffraient de cette période où ils eurent à gérer des affaires sérieuses : s'occuper des vacances de leurs enfants. Ils n'avaient pas pour qualité d'être des parents totalement responsables. Ils laissaient à leur conjoint, le soin de s'occuper du quotidien de leurs progénitures. L'important, en ce mois de juillet 2003, le 16, lorsqu'ils renvoyèrent leurs enfants chez leurs parents bis, à Paris, c'était eux, leur histoire, leur amour.

L'étrange est de parler, bien évidemment, de l'intime et du quotidien d'artistes qui firent en sorte de ne jamais « peopoliser » leurs existences.

Un trou. Un creux. Bertrand Cantat ne donna aucun signe de vie par téléphone. Il ne prit aucune nouvelle de Milo, son fils. Jusqu'au 26 juillet. Inutile de s'étaler ou de surenchérir sur cette période de vide. Il était clair que le couple de star vivait une phase douloureuse, un amour détruit, une intensité submergée par les non-dits, les frustrations. Comme toutes les histoires. Le mélange

Cantat-Trintignant ne fonctionnait plus… virant au vinaigre, à l'aigre, un cauchemar.

Le chanteur de Noir Désir croupissait. Il n'était d'ailleurs plus le chanteur de rien. Installé dans la suite du Domina Plaza, il restait seul, exclu du tournage, loin de ses enfants, de Bordeaux, de ses amis… Il était seul, sans doute accompagné de défonce, d'ennui et de colère. Marie Trintignant était absorbée par le tournage, pendant que son homme ruminait et « colérait » de n'être devenu qu'une annexe, un second rôle. Pire, un figurant.

Le 26 juillet, une soirée fut organisée en l'honneur de Lambert Wilson, qui jouait dans *Colette*, et rentrait à Paris. Le couple y vint. En retard. À l'écart.

Marie Trintignant continuait d'entretenir des relations très proches avec le père de son dernier enfant. Samuel Benchetrit avait souffert de sa séparation d'avec cette femme qu'il avait aimée passionnément. Bertrand Cantat n'acceptait plus cette situation. Lui qui avait dit à la mère de ses enfants d'aller se faire voir, ne comprit pas un texto sur le portable de sa compagne. Benchetrit y écrivait « Ma petite Janis », pour conclure, en référence de son dernier film, mais aussi parce qu'il gardait la mère de son fils dans son cœur… C'était l'interprétation qu'en fit Bertrand Cantat. Envahi par la jalousie, il ne pouvait s'empêcher de harceler Marie Trintignant de questions à ce sujet. Alors qu'ils passaient l'essentiel de leur temps collés l'un à l'autre, à l'écart des autres, cette soirée commença sous les hospices de l'alcool et autres substances, les silences, les cris et les tensions.

Plus tard, le couple alla boire quelques verres au domicile d'un assistant lituanien, Andreus Leliuga. Bertrand Cantat était très contrarié. Il était très agité. L'ambiance était tendue, le couple eut une dispute et Cantat cassa des verres. Ce Lituanien, si accueillant, eut un rôle ambigu dans l'histoire de cette soirée. Alors que le couple se refusait généralement aux contacts, ils avaient choisi d'aller chez cet homme qui, aux yeux des témoins, n'avait jusque-là, eu aucun lien particulier avec eux.

Lorsque Cantat fut calmé, ils rentrèrent tous deux dans leur suite au Domina Plaza. Marie Trintignant, silencieuse, renfrognée, alla directement dans la salle de bains, pendant que le chanteur mettait de la musique pour rompre ce silence pesant.

Puis, Bertrand Cantat raconta les événements enchaînés ainsi (Audition de Bertrand Cantat, Prokuratora de Vilnius, 21 août 2003) :

À propos du texto de Samuel Benchetrit qu'il découvrit, se concluant par « Ma petite Janis » :

« J'ai eu le sentiment d'absence d'équilibre et d'injustice… Cela m'a énervé… Je me suis senti mal. Nous étions si loin de ce que nous voulions réaliser. »

Harcelant Marie Trintignant sur la signification de ce texto, Cantat devint insistant :

« J'ai posé la question avec insistance. Elle a élevé le ton de sa voix. Elle n'a rien expliqué puis, elle s'est mise à me parler hystériquement en me disant : "Va chez ta femme !" Une hystérie a pris Marie. J'ai essayé de continuer une conversation normale mais elle est devenue complètement hystérique et répétait sur tous les tons : "Va chez ta femme !" Elle ne se contrôlait plus. Je ne l'avais jamais vue comme ça auparavant. Elle hurlait, elle insultait Kristina. »

Affirmant qu'il a trébuché après avoir été bousculé par sa compagne, il continua :

« Elle était ensuite dans une colère noire et j'ai vu rouge (...) Je suis sorti de mes gonds. Quand elle est entrée dans cette hystérie, j'aurais dû partir de moi-même, mais je suis sorti de moi-même comme elle est sortie d'elle-même. »

« Je lui ai donné au moins quatre gifles, très fortes, avec le dos et le revers de la main... C'est ma faute si nous nous sommes battus... J'assume ma responsabilité. »

Il porta plusieurs coups très puissants au visage de la comédienne, la secoua violemment. Elle finit par tomber au sol, inanimée.

Puis :

« Je suis allé dans la chambre à coucher. J'ai essayé de me calmer. Je crois que j'ai pleuré. J'espérais que Marie viendrait. Je me sentais épuisé. Je me sentais très mal. Je suis resté cinq à dix minutes. »

Retournant dans la pièce où la victime gît au sol :

« J'ai essayé de la réveiller en lui tapotant les joues. Son sommeil était très profond. Elle respirait normalement. »

En fait, Marie Trintignant était tombée dans le coma. Quelque peu rassuré par la tranquillité de cette femme qu'il pensait endormi, il fut, pour la première fois, submergé par la culpabilité :

« J'avais la vision de ce que je lui avais fait. Je m'en voulais d'avoir agi de la sorte. Je pensais tout le temps au lendemain. Je me demandais comment nous allions résoudre ce problème. Je pensais que nous pouvions encore trouver une solution. »

La porta dans le lit et la déshabilla complètement avant de la couvrir d'un drap, il continua à se persuader d'une gravité relative de la situation :

« Elle ne s'est pas réveillée parce qu'elle avait bu. Cela ne m'a pas surpris. Il m'était déjà arrivé de la porter dans son lit. »

L'auto-persuasion fonctionna. Bertrant Cantat, choqué, démonté par ce qu'il venait de vivre et de faire, laissa filer un peu le temps. Sans doute ivre, shooté, il n'eut pas un instant un comportement responsable. Plutôt que d'appeler les secours, plutôt que de prévenir quelqu'un qui pourrait secourir celle qu'il aimait, il prit son téléphone et appela, à 1 h 46, Samuel Benchetrit,… à Paris.

Ce dernier, réveillé dans son sommeil, eut la surprise d'entendre son rival pleurer… Une conversation débuta sur la question de ce texto envoyé. Le chanteur de Noir Désir focalisait, bouffé par une jalousie maladive qui lui enlevait tout sens du discernement. Il expliqua que, selon lui, Marie Trintignant lui demandait l'absolu, tous les sacrifices, alors qu'elle n'en faisait pas autant. C'est Samuel Benchetrit qui le rassura, un bon moment. Alors Cantat, calmé, lui parla de la dispute, expliquant qu'ils s'étaient battus. Conversation ahurissante. Attitude totalement irréelle de la part du chanteur. C'était Benchetrit qui, de Paris, réconforta celui qui avait « pris » sa femme, c'était lui qui s'enquérait de l'état de la victime. C'était lui enfin qui conseilla à Bertrand Cantat d'écrire une grande lettre d'amour. Ils raccrochèrent à… 2 h 45.

Il distingua nettement les bleus et boursoufflures sur le visage de la comédienne… Il y déposa des glaçons dans un linge propre… puis téléphona de nouveau à Paris à… Samuel Benchetrit. Celui-ci ne répondit pas. Un message :

« C'est Bertrand. Tu dois vraiment en avoir marre de me parler. À plus. »

À 2 h 51, le mari de la comédienne le rappela. Cantat confia son inquiétude. Samuel Benchetrit conseilla d'appeler Vincent Trintignant. Ils raccrochèrent à 3 h 15.

Le frère de la victime rejoignit le chanteur en pleine nuit. Persuadé par Cantat du peu de gravité de la situation, il ne réagit tout d'abord pas, discutant de la bagarre…

Ce dimanche 27 juillet, à 7 h 30 Marie Trintignant, plongée dans un coma profond, était transportée à l'hôpital de Vilnius. La prise en charge de la patiente inerte provoqua immédiatement l'inquiétude du personnel hospitalier. On prévint Nadine Trintignant. Vincent, comprenant la gravité de l'état de sa sœur, s'en prit violemment à Cantat qui n'eut d'autre solution que de fuir… Et retourner sur les lieux de la querelle. La suite n°35. Inconscient, incapable, paumé dans une réalité hallucinante, il appela sa femme en France avant d'absorber une dose massive de médicaments…

Ce sont les Trintignant qui sauvèrent la vie du chanteur de Noir Désir. Nadine Trintignant appela Alain Corneau, son mari, à Paris. Celui-ci lui demanda de prévenir les services de police lituaniens afin de leur indiquer ce que Cantat avait fait.

C'est ainsi que le brigadier Fedonov et le caporal Kortiklov, accompagnés de l'employée administrative du Domina Plaza, frappèrent à la porte de la suite n° 35, découvrant le corps inanimé de Bertrand Cantat.

Les musiciens de Noir Désir, rapidement prévenus de la situation, se démenèrent pour aller en Lituanie au plus vite. Avec l'aide de leur maison de disque, et particulièrement Pascal Nègre, ils obtinrent un avion privé. Ce ne fut pas Barclay qui paya l'opération, mais bien les membres du groupe. Ce dimanche 27 juillet, vers 23 h, l'avion des Noir Désir atterrissait à Vilnius. Ils furent amenés rapidement en voiture à l'hôtel Radisson…

C'est dans le hall d'entrée que le fils de Marie Trintignant, Roman Kolinka, reconnut Kristina Rady, la femme de Bertrand. Assommée, cette femme intelligente, posée, prévenante était accostée par Roman. Celui-ci, tout aussi vacillant psychologiquement, parla, bredouillant, des enfants de Cantat, Alice et Milo… Alors Kristina, éprouvée par des heures d'angoisses, déchirée, déchiquetée dedans, lança, couverte de larmes, et répondit à la question que lui posa le jeune homme « Était-il violent avec vous ? » Et elle de répondre : « Oui ». Un dialogue étrange s'ensuivit où cette femme, affirma, tel un automate parlant, que celui qu'elle aimait encore, avait eu des épisodes de violence avec les femmes qu'il avait aimées… Elle n'usa que d'un mot : « violent », sans pour autant parler de coups, racontant qu'elle avait eu à passer un moment à l'hôpital à la suite d'une dispute avec son mari… Elle ne confirma jamais ces propos, et plus encore, elle démentit fermement par la suite. Mais le « clan » Trintignant, tout du moins certains des protagonistes, utilisèrent ça sans jamais le confirmer. Les instants de faiblesse servent toujours les parties adverses. Ces paroles joueraient en la défaveur de Cantat, dans les médias, qui allaient, plus tard user du témoignage de Roman pour confondre le leader de Noir Désir avec un bourreau conjugal…

Ce moment eut une résonance particulière, par la suite, puisque qu'il s'agira de savoir si Bertrand Cantat, qui avait battu à mort celle qu'il aimait, était un récidiviste et pire encore, un terme devenu à la mode, un multi-récidiviste.

Le lendemain de l'hospitalisation des deux amants, l'enquête de la police lituanienne était ouverte, et dès le mardi 29 juillet, Bertrand Cantat se voyait signifier sa garde à vue, à l'hôpital, alors qu'il était dans un état psychologique lamentable, entre sommeil et propos incohérents.

La famille Trintignant fut bouleversée par la situation. Plombée en fait. Pas un instant, un tel drame n'avait pu être envisagé, bien évidemment. La relation d'amour entretenue par le chanteur et la comédienne n'avait jamais laissé penser à une crise si profonde risquant d'entraîner la mort.

Pendant ce temps, en France, l'information commençait à être diffusée. Ce qui constituait un fait divers était tout simplement en train de se transformer en phénomène national. Hormis le fait que la famille de la victime put bénéficier de tous les moyens aériens, diplomatiques et politiques de la République grâce au réseau puissant que les Trintignant avaient pu constituer au fil des années, les Français se prirent de passion pour cette histoire incroyable. Tant la presse people et ses successions d'articles « bouleversants » que la presse sérieuse se concentraient sur ce drame en haut lieux.

Quand en Lituanie, cette histoire de dispute conjugale avait tourné au glauque, la France était secouée par une canicule terrible et la violence de cette nouvelle. Les fans du groupe Noir Désir, tout d'abord, furent submergés par l'incompréhension. Comment l'artiste intègre, le plus intègre de ces années, avait-il pu envoyer une femme à l'hôpital en la rouant de coups ?

La gravité des faits fut confirmée par les conclusions médicales. Le 29 juillet 2002, une équipe médicale française pratiquait l'opération de la dernière chance à l'hôpital de Vilnius. En vain. La comédienne était condamnée.

Le 31 juillet, Marie Trintignant se trouvait dans un coma profond. Pour les médecins, le pronostic vital était extrêmement réservé. Elle gisait dans un coma irréversible. Le docteur Delajoux, encore considéré comme un « acteur » crédible de l'affaire, déclara « un encéphalogramme totalement plat ». Ce même jour, Bertrand Cantat était placé en détention provisoire. À l'isolement, il allait peu à peu, au fil des semaines, reprendre ses esprits, accepter sa situation et préparer son procès... Mais ce jour-là, encore plongé dans sa folie dépressive, avait-il encore l'espoir d'un réveil de celle qu'il avait violemment frappée ?

Les Trintignant, (on parla ensuite de « clan » à outrance. En fait chaque partie vivait intensément la situation et prenait inévitablement partie pour l'être qui lui était cher.) firent des pieds et des mains pour que le corps inerte de Marie soit rapatrié en France. Ils savaient déjà que la possibilité d'un réveil était quasiment nulle. C'est pourquoi ils réclamèrent le rapatriement du corps agonisant.

L'affaire était devenue un vrai phénomène d'État. La comédienne se transformait en icône de la pureté assassinée, la femme anéantie, l'artiste arrachée à la vie par une brute épaisse. Que la famille ait ressenti une douleur terrible, passait, mais que la « grande famille du cinéma français », des hommes politiques de premier plan (Villepin, Aillagon, etc.) et d'une grosse partie des médias français aient pu s'enflammer de façon quasiment indécente reste encore aujourd'hui un problème. L'État secoua ses diplomates et s'agita pour que Marie Trintignant puisse être ramenée dans l'hexagone.

Malgré l'avis défavorable des médecins, Nadine Trintignant décida de faire rapatrier sa fille en France par avion médicalisé fourni par l'État français.

Marie Trintignant décédait des suites d'un œdème cérébral le 1er août 2003 à 10 h 20 à l'hôpital américain de Neuilly-sur-Seine.

Le 8 août 2003, Bertrand Cantat était inculpé de meurtre par le parquet de Vilnius. Le procureur général Antanas Klimavicius refusa l'extradition du chanteur vers la France. Le crime ayant été commis en Lituanie. Dans cette affaire, l'arrogance des autorités françaises fut flagrante. La justice lituanienne était méprisée.

Le 21 août 2003, la juge française Nathalie Turquey signifiait à Cantat sa mise en examen dans une enquête distincte de la justice française pour violences volontaires ayant entraîné la mort sans intention de la donner et non-assistance à personne en danger. C'est à cette occasion qu'elle put recueillir le témoignage complet, lucide et exhaustif du chanteur.

Le 5 septembre 2003, les parents et les amis du leader de Noir Désir organisèrent une soirée de soutien en son honneur, au café de Paris à Vilnius et rendaient hommage à Marie Trintignant en projetant le film *Betty* de Claude Chabrol. Cette initiative était non seulement malvenue, mais aussi à la limite de la provocation. Alors que la défense de Cantat était embourbée dans toutes les rumeurs et accusations affirmant que l'homme n'était qu'un machiste violent, un lâche, un menteur mais aussi un être qui aurait trahi ses fans, cette soirée était de mauvais goût. Les membres des Noir Désir, tenus au courant de cet événement, répondirent clairement en provoquant la diffusion d'une dépêche AFP :

Cette soirée avait été « organisée par des personnes qui n'ont aucun lien avec eux. » Cette initiative allait « à l'encontre de la démarche des membres du groupe, qui tiennent à ce que le respect et la dignité soient observés par tous et dans tous les cas. »

Denis Barthe, Serge Teyssot-Gay et Jean-Paul Roy avaient toujours tenu une ligne de conduite adéquate, économisant les déclarations, resserrant discrètement les liens avec leur ami emprisonné, et restant très attentifs à ne rien faire qui puisse entacher son image. Le groupe maintenait une ligne de conduite : l'intégrité en toute circonstance.

Septembre débuta avec le massacre silencieux de milliers de vieillards et autres « annexes » humaines. Les

Français, en général, et les Français, en particulier, s'étaient un peu lassés de l'affaire Cantat-Trintignant...

Les premiers instants passés, les excès, la folie médiatique, qui avaient inondés le pays, n'étaient qu'une grosse vague de flotte grotesque... Quelque chose de ce genre-là. Car un certain Pascal Nègre, patron d'Universal-Barclay et une profusion d'autres labels, était gêné de constater l'explosion des ventes d'albums de Noir Désir dans le courant du mois d'août. On multiplia par deux fois et demi le nombre de ventes, en comparaison de celles qui avaient précédé le drame.

Les radios, qu'elles aient été d'obédience « rock'n'roll » ou attachées aux modes musicales (grosso modo la « variétoche » et quelques exceptions), s'étaient laissées ankyloser par une sorte de vindicte populaire sous-jacente. Elles ne diffusèrent plus vraiment les morceaux du groupe, et précisément ceux du dernier album, alors que celui-ci était sans nul doute le disque « rock français », le plus brillant et le plus consensuel depuis des années.

Alors que le groupe, hors Cantat, était peu à peu en proie à une haine irrationnelle crachée par de nombreux détracteurs, des milliers de Français achetèrent « Des Visages des Figures... »

Ceux-là, pourtant, n'avaient généralement pas prêté attention à l'œuvre du groupe. Pour l'essentiel, ils se procuraient la galette Noir Désir dans le but assez précis de tenter de comprendre le geste meurtrier de ce chanteur... D'autres finirent par déblatérer, à force d'écoutes forcées et frénétiques, des tonnes d'inepties inquiétantes… Ces fans, Paris-Match et Voici, et tant d'autres, avaient à cœur de lire les paroles des chansons, interpréter, donner la version exacte de l'acte fatale en « analysant » le chanteur…

Pendant que la marée monte
Et que chacun refait ses comptes
J'emmène au creux de mon ombre
Des poussières de toi
Le vent les portera
Tout disparaîtra
Le vent nous portera

(Extrait de *Le Vent nous portera*)

Que de vérités scrutées par des milliers de nouveaux auditeurs concentrés, des penseurs improvisés et des analystes persuadés d'avoir décelé le fond du fond d'une révélation dans ces paroles tellement… étonnantes.

Elle a su, simplement
Enfermer mon cœur dans son appartement
Avec ou sans toi, j'ai quelques problèmes
Tu t'en fous, Laura, j'suis désolé quand même
Si tu vas par là, ça me convient aussi dépose-moi

Qu'ils virent et comprirent Marie dans ces paroles, ces milliers de nouveaux auditeurs, et quelques aficionados confus du groupe qui, tannés par l'orage médiatique et les messages contradictoires, finirent par être déçus par l'homme Cantat, mais pire encore par son œuvre, son groupe, sa vie,…

L'album avait été considéré par nombre de personnes, comme prémonitoire parce qu'il était sorti le 11 septembre 2001. Et subitement, il devenait de nouveau… prémonitoire quant à la mort violente de la compagne du chanteur.

C'est ainsi que l'on construit les mythes simplistes, idiots…

Dans la nuit du 10 au 11 septembre 2003, la maison de Bertrand Cantat à Moustey, dans les Landes, était incendiée. La piste de l'extrême-droite ou de proches des Trintignant fut presque immédiatement écartée. Le 11 septembre était la date anniversaire de la sortie du dernier album du groupe, dans lequel figurait le titre *Le grand incendie*. Xavier Cantat, le frère de Bertrand déclara aux enquêteurs qu'il avait reçu des messages sur son répondeur dans la nuit où se déroula le sinistre tout comme les membres de Noir Désir dans lesquels étaient proférées des menaces : « On va vous cramer » ou « Vous allez payer ». À la suite de cet incendie, la famille de Cantat ainsi que les membres de Noir Désir furent placés sous protection. La tension était à son paroxysme… Ou presque.

Le 1er octobre 2003, Nadine Trintignant publia un livre « Ma fille Marie », chez Fayard, dans lequel elle nommait Cantat, « le meurtrier ». Malgré les protestations et la demande d'interdiction lancée par l'avocat de

Bertrand Cantat, la cour d'appel de Paris n'interdit pas la vente du livre. Elle demanda que soit inséré un encart rappelant que le principe de la présomption d'innocence s'applique à Bertrand Cantat.

L'initiative de la mère de la disparue se vendit à plus de 200 000 exemplaires, mais ne servit pas forcément sa cause. La haine transpirait dans chacune des pages, et l'idéalisation publique, a posteriori de sa fille, finit par agacer, et embellit l'image de Bertrand Cantat. La thèse soutenue par Nadine Trintignant et quelques proches de la comédienne tuée, telle Lio, s'érodait au fur et à mesure des témoignages indiscutables.

Son acte atroce impardonnable et incompréhensible ne justifiait pas que l'on en rajoute, que l'on fasse du chanteur de Noir Désir, ce qu'il n'avait jamais été : un bourreau machiste permanent. Poussé à bout par le caractère exclusif de Marie Trintignant, il avait eu une réponse hors de proportion, une perte de sang-froid, de conscience. Cet homme, d'une force énorme, s'était rué sur la comédienne, une femme menue qui n'aurait pu résister aux coups qu'il lui infligea.

Fin octobre 2003, dans un rapport complémentaire d'expertise, deux médecins de l'Institut médico-légal de Paris estimaient que les blessures observées étaient « compatibles » avec les déclarations de Bertrand Cantat. « C'est l'ensemble des traumatismes et surtout les mouvements violents de va-et-vient de la tête qui ont été responsables des lésions mortelles observées », notèrent les deux médecins. Ils ne furent cependant pas formels sur un certain nombre de points, laissant quelques questions sans réponses.

Une circonstance aggravante en droit lituanien, l'examen toxicologique confirmait qu'au moment des faits, le chanteur était sous l'emprise de l'alcool.

Du 16 au 29 mars 2004 se déroula le procès à Vilnius : Cantat fut condamné à huit ans de prison pour homicide. En France, la fièvre qu'avait provoquée l'affaire était retombée depuis un moment. Ce fait divers qui avait provoqué une guerre de clan, une crise nationale, était finalement rangé dans la case « affaire classée ».

Le 11 août, Bertrand Cantat donna un concert à Vilnius pour les détenus, gardiens, directeur et sous-directeur de la prison. Des photos de l'événement furent prises avec un téléphone portable et diffusées par le journal VSD. Le chanteur de Noir Désir, livré en pâture lors de son arrestation aux photographes français, continuait à attirer les regards et à attiser la polémique.

Suite à un accord entre la France et la Lituanie, en juin 2004, Bertrand Cantat fut transféré à la prison de Muret, en Haute-Garonne.

Dans ce gros mixeur implacable qui entraînait Cantat et ses comparses dans une purée d'un quotidien-cauchemar, quelques effluves de Noir Désir, ce groupe qui, quelque temps plus tôt, avait fasciné des foules, furent lâchées discrètement dans le monde-le-commerce.

Keskya tu dis rien ?

Tu as perdu ta langue ?

Alors ces anges-là, alors ces angelots de la muerte câline se désolidarisent, sont engins du désastre, harnachés corps et âme, sur leurs armures brillantes on peut voir le reflet de nos pauvres carcasses aux regards qui s'affaissent.

Ces mots étaient ceux de Cantat, en juillet 2002. Un poème en prose lâché en musique dans le cadre du festival-Radio France qui débouchera, donc, sur la parution de *Nous n'avons fait que fuir*, un livre court, petit format, aux éditions Verticales. Pour douze euros, le livre était vendu avec un CD de l'enregistrement. Un exercice maîtrisé. Une façon parfaite de redonner au chanteur son statut de scribouillard talentueux. Ce live tout à fait particulier, conçu en un soir, confirmait le rôle « guerrisseur » (plutôt que guérisseur) des autres membres du groupe.

À lire, l'ouvrage n'était pas extraordinaire, avec tout de même quelques pépites, un peu comme la lecture des textes d'un Jim Morrison, insipides souvent, d'un niveau relativement moyen, quelquefois intéressants... Mais finalement, la mise en musique, la voix parfaite et la concentration, les précisions, le rythme du chanté, les souffles et les mots placés justes de Bertrand Cantat, firent de ce texte, un « quelque-chose » d'assez loin du commun. Durant cinquante-cinq minutes, le disque joint au livre, déroule une histoire-poème réussie...

Même si le chanteur ne sortait jamais de ces idées gnangnan qui ne cassaient pas des briques, même s'il avait, sur ce CD, une tendance à chanter à la Brel-façon-lui, l'essentiel des instants à entendre était envoûtant. Vraiment.

« Et comment tu leur parles toi, aux montres en quartz… » Une splendeur…

« Nous n'avons fait que fuir, nous cogner dans les angles… » Lents instants de création musicale parfaite, à la limite de Coil ou de Deutsch Nepal, des formations « doigts-pointés-sur »…

Et ce passage essentiel où le chanteur riait de son statut avec délectation, mais aussi écrivant le pouvoir des nouveaux chefs, tel Messier, des nouveaux messies, des Jésus cathodiques, etc. :

Chérie, je suis rationnel !

Le jour d'après cynique et je ne sens plus rien, à présent tout me glisse dessus, me coule à l'extérieur je sais me débrouiller avec le brouhaha, avec le bruit des masses.

Je suis intoxiqué volontaire

Suradapté chronique, prenez-moi comme exemple, comme jeune premier, comme mannequin vedette, je sais me mettre en scène, je sais me « défiler »

L'ai-je bien descendu ?

Les ai-je bien descendues les marches du palais d'Empereurs Communicants (de charmants chimpanzés aux mimiques de bronze et aux sourires d'ivoire) ?

Je suis donc un apôtre de la modernité.

Et la table est dressée, nous sommes tous autour.
Le chef n'est pas là, il a été retenu mais…
J'ai la croix
Elle est belle
La couronne
Elle est belle
La multiplication
Elle est efficace
La climatisation
Elle est nécessaire.

ÉPILOGUE…
OUI, MAIS POUR QUI ?

Bertrand Cantat était mis en libération conditionnelle à compter du 16 octobre 2007. L'homme fit l'objet de menaces de mort très claires. Celui qui avait été un phénomène artistique français, portait désormais une image plus trouble, pour beaucoup.

Pendant qu'il purgeait sa peine, Noir Désir et ses autres membres continuaient tant bien que mal à fonctionner, avec la sortie d'un double album live, *Noir Désir en public*, et un DVD, *Noir Désir en images enregistrés* en 2002 et parus en septembre 2005. Sergio Teyssot-Gay explora encore des territoires plus ou moins inexplorés. Jean-Paul Roy tourna avec Yann Tiersen et Denis Barthe entama, comme à son habitude, des collaborations…

En quelques années, le monde du rock français a été envahi par des clones, des fac-similés, des formations talentueuses influencées par ce groupe né en 1980.

Noir Désir est encore sous contrat avec Barclay. Deux albums devraient être réalisés. Il est difficile de connaître la configuration de la formation. La complicité qui lit les quatre hommes depuis des années jouera un rôle essentiel quant à l'avenir du groupe.

S'ils parviennent à créer de nouveaux morceaux, produire un nouvel opus, l'ensemble de la presse sera sur le qui-vive, en quête des photos du chanteur tant d'années après, à l'affût des paroles faisant penser à « l'affaire ». Grosses tensions en perspective. Malaise. Erreurs d'interprétation. Les fans et les détracteurs, par milliers, chercheront à creuser la question, se repaître d'interprétations fumeuses. On y verra une allusion ici, un message de désespoir là. On criera au scandale sur telle prose, on sera touché par telle rupture dans ce morceau-là.

Une bonne partie de la France sera toujours en proie à une haine sourde, tout du moins un mépris condescendant à l'encontre d'un artiste qui, pourtant, aura purgé sa peine. D'autres seront transits d'admiration, compatissants. Il sera en fait plus judicieux de prendre Noir Désir et leurs futures productions pour un groupe de musique. Ni plus ni moins.

Les années ont passé et les membres de la formation bordelaise ont expérimenté, essayé, tenté. Ils sont allés sur des territoires nouveaux. Avec les collaborations du début des années 2000, et celles qui suivirent, ils ouvrirent des possibilités artistiques énormes.

Qu'en sera-t-il des foules qui remplissaient les salles où ils se produisaient ? Des soirées enchaînées de transe, de sueur, de hurlements étaient le lot des tournées de Noir Désir. Les spectateurs en avaient pour leur argent.

On retrouvait dans ces live des instants chaotiques comme savaient en produire des groupes comme Sonic Youth, Fugazi... Un groupe de rock français est à la hauteur de la plupart des groupes anglo-saxons légendaires. Quatre types qui, d'après une annonce récente de Serge Teyssot-Gay, se sont retrouvés pour balancer du son, pour recomposer dans tous les sens du terme. On pourra toujours vomir sur ce que fit, dans sa vie privée, le leader, il n'en reste pas moins vrai que la puissance artistique des Noir Désir est en bloc, dans ce quatuor de potes hyper-soudés, malgré les épreuves, les fractures, les gouffres profonds creusés dans leur parcours hors du commun.

L'histoire du rock est faite de drames, de comportements « immoraux », dégueulasses parfois... Ceux qui se suicident. Ceux qui se shootent à mort. Ceux qui tuent. Ceux qui se font tuer. Ceux qui disparaissent. Ceux qui se déhanchent façon classe. Ceux qui deviennent lourdingues. Rien ne sera lisse dans le monde du rock. On y braille les imperfections de la nature humaine, on y racle les crasses.

Dans Noir Désir, il y a tout ça à la fois. L'égocentrisme du leader, les abus, cette façon de se sentir porté par les riffs furieux des guitares, le rythme soutenu d'une batterie... Ce groupe lâchera les morceaux qu'il voudra, les textes qu'il choisira, et peu importe si certains ne préfèrent au fond que regarder les merdes qui polluent la vie privée, Noir Désir est un groupe qui produit de la musique, des morceaux. Il n'est que ça pour beaucoup et c'est déjà ça.

Antonin Artaud écrivit, en 1924, dans une lettre à Jacques Rivière :

« Il ne faut pas trop se hâter de juger les hommes, il faut leur faire crédit jusqu'à l'absurde, jusqu'à la lie. »

Sources

Livres

Bertrand Cantat, *Nous n'avons fait que fuir*, Éditions Verticales, 2004.
Stéphane Bouchet, *Frédéric Vézard, Mort à Vilnius : L'Affaire Trintignant-Cantat*, l'Archipel, 2004.
Sébastien Raizer, *Tout est là*, Camion Blanc, 2004.
H.M., Noir(s) Désir(s), Éditions Verticales, 1999.

Internet

http://destination.noir-desir.com
http://www.rfimusique.com
http://www.noirdez.free.fr/
http://www.sergeteyssot-gay.com/
http://www.myspace.com/steyssotgay
http://www.myspace.com/denisbarthe
http://www.noirdesir.org/
http://www.lagruyere.ch/
http://www.noirdesir.fr.fm/

Achevé d'imprimer par Corlet, Imprimeur, S.A. - 14110 Condé-sur-Noireau
N° d'Imprimeur : 114102 - Dépôt légal : juin 2008 - *Imprimé en France*